# 户田产論

The Theory of Family Farmland Property

上官子健 著

人民出版社

# 序　言

## 一、农事改革需要思想解放与制度创新

户田产,是《户田产论》作者上官子健先生原创的经济学词汇,是一个信息量很大的农村改革概念,容我稍后评价。

先说农村改革的必要性。表面看来,我国当下连年大丰收,盛世无饥馑。但多年来农业危机一直有增无减:人多地少、天灾频仍、进多出少、种子落后……放眼世界,农业危机更是此起彼伏:疫情期间多国食品对外出口限制于前,乌克兰危机导致全球粮食供应受阻于后。当下全球八人当中就有一人挨饿。

中国农业虽暂时无忧,但不等于没有隐患。2022 年,全球性酷热,江湖见底,多国南水无法北调,旱情让各国不得不加大农业补贴。大国博弈一旦被迫进入对决阶段,卡粮食才是最致命的"卡脖子"。

过去三千年中国历次改朝换代都直接和间接与粮食危机有关,与土地兼并和天灾有关。涉农问题是国之根基,农业改革永远在路上。

近年来,全国上下高度重视涉农问题。科教体系、智库、政府

部门不断有好建议公布于众,令人脑洞大开。今天,我向读者推荐青年学者上官子健的力作《户田产论》。

涉农改革有两种:一是革命性的改朝换代式土地再分配;二是和平的土地改革,如管子、商鞅、拓跋宏、王安石、雍正等推行的各类维新改革运动。每次农业改革,也要进行资源和利益再分配,也会遭到抵制和反对,故改革需要勇气,需要制度的创新。制度创新的前提是思维创新。"户田产"概念就是一种全新的农村改革新思维。

## 二、"户田产"构想的创新之处在哪里?

作者上官子健先生所说的"户田产",是指以每户家庭为单位,在乡村享有经过金融化改革的房产与田产"二合一"的农业资源型资产。作者的原话是:户田产的探索发展,要基于我国土地制度的基本要求和限制,这种资产的所有权是借助金融方式的巧妙手段来实现的,其本质不是所有权的变更,而是使用权的长期租赁、拥有和交易、继承和接续,并没有要改变我国乡村原有的土地集体所有制性质。因为土地在空间上具有万古不变的恒定性特质,在面积大小和空间位置两个方面并不因为占有者的改变而发生任何改变。户田产借助金融手段变易的只是使用权,而不是所有权,在所有权方面,户田产所有者占有的土地依然归属于乡村集体所有。城市家庭以户田产为窗口从城市里带着资金、人才、技术等新生产要素下乡助农,通过"三变"改革或进一步深化土地改革来激活农村"沉睡"的土地资源价值,让中央企业介入乡村大开发,并集中经营农村集体经营性建设用地和其他可能入市经营或可作为配套的用地,依托中央企业和国家有关机构共同建立全国户田产统一市场交易平台,对乡村土地的使用权进行金融转化和分割,令城市投资者成为户田产项目下"种田、造田、养田"的股东,把经济效益较差的短期游玩变为能够产生高市场效益的高频旅居,把城市家庭的生活与农村的发展关联起来,形成长期稳定的关系和符合商业规律的市场行为。让城市家庭享有田园生活的同时,促进农民增收、产业增效、生态增值,先富带动后富,实现共同富裕。因此,户田产在符合中央政策精神的基础上发挥充分的创新想象和创造性转化,为农村改革提供了一个新思路。

我对《户田产论》作者所提户、田、产的理解是:

"户"。户田产的"户",是一个以家庭为主,享有一定房产和田亩的新农村基本单元的使用权。"户"是投资者、建设者和"耕者有其田"的享有者。因我国的基本土地制度限制,享有不等于拥有,是通过金融手段来明确城市投资者在乡村的权益。新的"户"主,既可以是农民,也可以是城市居民,令城市居民也能到农村享有土地带来的价值和乐趣。作者的原话是:户田产以一个家庭为基本单元,每份户田产就像一块块积木一样组建一个新的乡村,就像城市一样,城市以市中心密集房地产建设为基础,越往郊区则建越多工厂或科技产业园等,而户田产组合过的乡村"新城市",也是由市中心密集的户田产建设为基础,越往户田产综合体区域外的郊区则建设越多大片现代化农田和农业科技园区,这就打破大家对乡村和城市的刻板印象,是时空区域重组、产业结构重组、发展格局重组、城市元素重组和经济内外循环重组的规划设计,在乡村重构一个生态环保型的"新城市"。把城市房地产开发过剩力转移到乡村振兴,把乡村里的房和田对接集合在一份户田产之内,使每一份户田产兼具商住和生产的双重功能,由此把以往城市房地产只拥有"住"的单一功能转型升级为乡村户田产拥有"衣、食、住、养、休、乐、健、隐、防"的多元功能、复合功能和综合功能,进而把乡村打造成城乡连续体和新型田园综合体,实现城乡统筹发展,城乡一体化大开发大发展。当下我国农村问题的解决主要靠扶贫、补贴等措施。作者的户田产新制度建议对鼓励"三农"投资、持续振兴农村、实现农业集约化、产业化有重要参考价值。其原理是在重视农民利益的同时实现农村土地土壤优质化改造和金融化入市,把农村的僵化的土地资产通过资本的良性注入而激活起来,并开辟变现路径,为农村资源变资产、资金变股金和农村居民变股东找到突破口。

"田"。上官先生的户田产理论是城市投资者在乡村享有房产的基础上新增一块"田产"的使用,实现房产与田产的"二合一"(真正意义上的房地产),这种"二合一"是一种稳定的关联关系,户田产可以院中有田,也可就近关联配套一块田,有先富带动后富、结对式帮扶的潜在特色,这使户田产在生活功能基础上新增一个生产功能,实现生产生活相统一。户田产把房地产转型升级为居住、劳动、休闲、养生、隐居、绿色、环保等集成于一体的新兴产业。每一份的户田产,在不大的土地空间范围内实现"三农"经济融合统一。作者新田亩构想是把田地变为可投资的金融化资产,盘活农村经济,使之成为国家经济新的增长点。

"产"。上官先生户田产理论关键词在"产"。产就是农业生产和户田产的产权确权的实现。上官先生总结历代农业制度和农村改革的弊端后发现,农村房产、地产既要确权,也要限权;既要保障从事农业的积极性,又要防止农村贫富差距过大。"户田产"通过"三变"改革或进一步深化土地改革以符合国家政策的创新模式,例如土地权分立后,再由中央企业集中经营,以金融平台进行票证化经营全国统一入市交易,使城市投资者在乡村土地上的投资能够有效确权,能在市场上灵活流通,乡村的闲置土地一旦经过分权后的金融转化,就会充满经济活力。同时,因为一户家庭只能购买一份户田产,这就限制了无序扩张的土地兼并。

"户田产"描绘了一幅全新的农业生产、生活蓝图。作者提出通过创新性的户田产综合开发,实现中国式的农村的庭院化、花园化、生态化,彻底改变农村落后面貌,建设中国式的社会主义新农村。户田产就是要通过全国城乡要素流动和推动乡村综合大开发,早日实现乡村城市化、产业化、现代化、国际化。户田产制度旨在为农民赋予更加充分的财产权益和创造更多的乡村就业机会,同时实现农村土地土壤优质化改造和金融化入市,逐步把永久基本农田全部建成高标准农田,健全农村金融服务体系,把农村的土地资产通过资本的良性注入而激活起来,把过剩金融的出路聚焦在乡村振兴,为农村"三变改革"(资源变资产、资金变股金、农民变股东)找到一个新的出路。

读者会问:"户田产对我有什么意义?"

如果您住城里,户田产将是您就业新选项或投资新机会。如果您住农村,由于户田产的发展会产生新的生活社区,该社区在就业、医疗、教育等公共服务保障方面也会逐步完善,使农村人口在当地能以更低成本获得与城镇居民平等、公平的待遇。《户田产论》作者的设计是:以每户家庭为单位,在乡村享有房产与田产"二合一"的农业资源型固定资产,在乡村享有房产的同时新增一块家庭田产,把城市房地产开发升级转移到乡村,在商住基础上新增生产功能,是生产单元和生活单元的融合。"户田产"模式下,建议全国实行家家户户"双资产""双户口"制度,因此,城市家庭以每户为购买"户田产"投资的限制单位,在城里有房的同时,把家庭富余资金和资产置换为乡下一套"户田产";农村居民在乡下有自己房屋的基础上,可在户籍制度的不断改革下,在特定或对口城市拥有房产购买的权利。同时,城乡居民平时在城市工作,放假下乡;有工作时在城市就业,失业或工作不合适时返回乡村另谋出路再就业。

"户田产"的单元细胞是户,即田产户。若干田产户组成集体小庄园(中国式社会主义庄园),用作者的话说,户田产与我国城市房地产开发的小区商品房不同,与国外农场、庄园、农社也不同。若干小户田产庄园组成大集体庄园,一个大的户田产综合开发单元就是一个田园综合村落和新型小城镇,其内部的智慧管理水平和各种生活便利条件要逐步达到现代智慧城市的标准。

对于国家来说,户田产可能是未来10—15年新的经济增长点。未来中国城市化仅靠扩大城市容量,其空间是有限的,但把农村进行城市化、现代化改造,则前景十分广阔。智慧城市、智慧农村的发展,将是推动中国经济继续中高速发展的一对驱动轮。

作者"户田产"的目的是让农民在享受户田产综合开发分红权益的同时也能在户田产制度下再就业,负责户田产的农业托管工作和社会化服务,把农民转变成户田产新产业下的工作人员,负责一个大的户田产综合开发单元的日常管理和服务工作,把传统农民转化升级为现代化农业工作者,使其获得更多的社会认同感和荣誉感。

"户田产"可行性是建立在城乡居民有投资积极性,国家、集体、个人三方都可获利的基础之上的。户田产一旦试行和推广,将会促进现有土地管理制度、户籍制度与价格制度的深化改革。现有的城乡歧视性制度将会因为"户田产"的推行而自行消除。而这些，恰恰是"三农"改革的深水区。作者文中有比较成熟的设计与建议，序文就不多介绍了。

### 三、关于作者和这本书

世人都言农事重要，但何等重要，出路在哪，未必都知。很难想象一个城市出生的"90后"青年学者，把十年来相当多的注意力，放在了"三农"。

上官子健先生是我的同事——中国民主同盟中央经济委员会委员。他的本职工作有很多，第一次看他丰富的简历就让我很吃惊。但他参政、议政工作十分努力和尽职。三年前当他向我提交了一篇"户田产"改革建议后，我感到十分震惊和疑惑。问："你，还懂农村？"但他沉稳、自信的回答和他说服力强的行文，让我对他刮目相看，对他的涉农研究有了不断增加的信任。

《户田产论》我读了十几遍，是作者独到而且颇具新意的农改方案。作者不到二十岁就下乡研究农村扶贫问题。几年前先写的是户田产调研报告，后来写了政策建议，并且发表了数篇户田产学术文章。疫情三年来，他一直没有停止调查研究，终于在他而立之年完成了《户田产论》的书稿。

本书有价值的地方还有很多。

首先是他的研究方法正确。他把经济学、法学、历史学等社会科学研究方法都用到了户田产调研之中。量化方法、案例研究都有说服力。田野考察是他的主要研究方法之一。他把自己的业余时间都用在了艰苦的涉农考察上。这也是他坚持己见的自信所在。上官子健先生19岁在大学本科一年级时就发起和创建法人团体"龙海市白水镇希望之光志愿者队",扎根乡镇5年,号召上千位志愿者到乡村开展帮扶留守儿童父母返乡创业等公益行动,还获得了"福建省青年志愿者优秀组织奖"。自此,作者到福建和其他省份许多乡村考察调研,获得了大量一手信息。

第二是他的方法论。方法论是指导方法的方法,是研究者的站位、逻辑与价值标准等。

《户田产论》立意高远。作者从国家粮食安全、国际粮食产业竞争、大国农业博弈和振兴乡村的战略高度出发,联系中国"三农"实际,提出了"户田产"的改革方案,观点不俗。这是新时代土地改革新创意。粮食生产首要的生产资料是土地。我认为,"户田产"改革,可以从根本上保护农民种粮积极性,让农民能够获利、多得利,促进保田护田、人工造田、生产分配良性循环。

作者的基本逻辑思路可以简单归结为:农村改革遇到瓶颈需要改革—改革需要调动城乡两个方面的积极性并且革新旧制度—新制度实现"田有耕者""耕者有田""地尽其用""房田一体""田房确权""人口均衡""城乡共荣"—振兴农村、实现农村经济可持续发展—拉动国民经济快速发展。

作者的价值判断标准是中国农耕文明的民本思想和当今全人类共同价值——"和平、发展、公平、正义、民主、自由"等理念。作者深谙中国农情,户田产是要把中国乡村的土地资源存量盘活,把城市闲余资金盘活,把无事可干的劳动力盘活,把未转让的农业科技盘活,建设一个中国式现代化农业,把中国变为世界信赖的安全大粮仓。

作者还难能可贵地站在了中国农民的立场,有难得的爱农思想,深情为农民发声,深谙"乡村治,百姓安,国家稳"。

户田产不能解决所有的涉农问题,但可能对解决当前最为紧迫的问题提供新思维:农村就业、调动美丽乡村与智慧乡村的投资和建设的积极性等可操作的具体办法。

我不是农学专家。我评价《户田产论》的"资格"只是我当过农民,还做过中外农业调查,并且研究过世界贸易组织乌拉圭回合谈判的涉农协定。这本书并不完美,但极具可读性和可行性。因为《户田产论》为今后的涉农改革提供了一个很好的解决方案,尽管这一方案还需要全社会共同去努力、共同来完善。

本书作者上官子健先生长于思考、忧国忧民,是他给我最多的印象。一个不多见的"90后"青年学者,坐着有定力、站着有定力、读书有定力、做事有定力。他还是一个谦虚好问的青年。作为家长,我觉得作者家教很严,非同一般;作为民盟盟员,我在他身上看到了盟风、盟味;作为教师,我认为他见解超群、后生可敬。

希望作者继续努力,把"户田产"从理论变为政策,从政策变为试点,从试点变为全华夏新农村。

以上是我对《户田产论》的读后感,勉强充序。

何茂春

国务院参事,清华大学经济外交研究中心主任

2023 年 1 月 21 日(除夕)14:30,于中关村

# 目　　录

# 前　言

　　世界人口已经超过 80 亿人,仍然以每年增长 8000 万人以上的速度呈现出指数增长态势,地球人口超载所产生的人口高压力将会随着全球人口增长不断加大。近几年高低温、干旱、强降雨、强冰雹、强台风等各种天气事件在世界各地频繁发生,这预示着全球人口暴增所产生的人口高压力也成为影响全球生态环境和加剧全球气候变化的原因之一,这对原本脆弱的全球粮食安全体系产生巨大冲击。在全球气候加剧变化下,中国、印度、孟加拉国、尼日利亚、埃及等高人口压力的国家将会越发面临农业危机和粮食安全的挑战。

　　在全球百年未有之大变局下,粮食生产和粮食控制成为大国博弈尤其是中美博弈的一个重要砝码。美国前国务卿基辛格曾说过:"谁控制了粮食,谁就控制了人类。"保障粮食和重要农产品稳定安全供给始终是建设农业强国的头等大事。20 世纪 70 年代,美国经济增长停滞,美元陷入危机,布雷顿森林体系随之瓦解,美国为了维护霸权,通过"粮食援助""绿色革命""转基因革命""粮食金融化"等方式,逐步建立起美国主导的全球粮食供给体系,把持了世界许多国家的饭碗,使不少传统农业大国丧失了粮食自给能力,被美国掌控,许多国家因此丧失了发展主导权。从中国历史上看也有"种桑误国"的典故,战国时期,齐国因齐襄公的错误政策导致国力大损,为应对周边鲁、梁等国的威胁,管仲向齐桓公献策,建议全国上下都穿绨料制作的衣服。绨,是一种丝绸制品,当时鲁、梁二国擅于纺织,齐国百姓都穿绨料衣物后,对绨的需求大增,就大量从鲁、梁进口这种面料,而鲁、梁又觉得有短期利益可图,就荒废农业,大力种桑发展制造业,而齐国则大力发展农业,粮食堆积如山。数年后,鲁、梁二国粮食完全依赖齐国进口。此时,管仲突然宣布全国禁止穿绨料,并禁止与鲁、梁二国通商。没有了粮食来源,鲁、梁饿殍遍地,只能花高价求齐国卖粮。当时齐国百姓购买一石粮食只需十钱,鲁、梁百姓却需上千钱,久而久之,民怨沸腾、政权不稳,齐国不费一兵一卒吞并了鲁、梁。以史为鉴,警示当今的中国要把粮食自主权紧紧抓在自己手里。

农弱则无粮,无粮则民心乱,民心乱则国不稳。从中国加入世界贸易组织谈判到中美经贸摩擦,美国一直要求我国放开农产品尤其是粮食进口限制,其谋求控制我国生存饭碗的意图早已昭然若揭。从表面上看,放开粮食进口限制无疑会使国内城市市民购买到更便宜的粮食,但从根本上看,中国放开粮食进口让价格更低廉的美国粮占据我国粮食市场,则会直接导致国内农民种粮无利可图,打击农民原本不高的种粮积极性,诱使我国走上依赖进口美国粮食之路,置我国粮食安全于危境。

为了"确保中国人的饭碗牢牢端在自己手中",党的二十大对全面推进乡村振兴战略作出了具体而全面的布局和部署:"全面推进乡村振兴,全面建设社会主义现代化国家,最艰巨最繁重的任务仍然在农村。坚持农业农村优先发展，坚持城乡融合发展，畅通城乡要素流动。加快建设农业强国，扎实推动乡村产业、人才、文化、生态、组织振兴。全方位夯实粮食安全根基，全面落实粮食安全党政同责，牢牢守住十八亿亩耕地红线，逐步把永久基本农田全部建成高标准农田，深入实施种业振兴行动，强化农业科技和装备支撑，健全种粮农民收益保障机制和主产区利益补偿机制，确保中国人的饭碗牢牢端在自己手中。树立大食物观，发展设施农业，构建多元化食物供给体系。发展乡村特色产业，拓宽农民增收致富渠道。巩固拓展脱贫攻坚成果，增强脱贫地区和脱贫群众内生发展动力。统筹乡村基础设施和公共服务布局，建设宜居宜业和美乡村。巩固和完善农村基本经营制度，发展新型农村集体经济，发展新型农业经营主体和社会化服务，发展农业适度规模经营。深化农村土地制度改革，赋予农民更加充分的财产权益。保障进城落户农民合法土地权益，鼓励依法自愿有偿转让。完善农业支持保护制度，健全农村金融服务体系。"[①]党的二十大对全面推进乡村振兴战略作出的这些布局和部署，正式吹响了我国全面振兴乡村的历史性号角，宣告了我国全面振兴乡村的新时代正式来临。

全面振兴乡村是我国高质量发展的"压舱石"，更是应对内忧外患的"压舱石"。如何全面振兴乡村？全国上下都在探索，笔者不揣浅陋也加入这一探索行列，并对此思考多年。笔者在大学本科一年级开始曾有五年在乡村开展志愿服务的经历，所以对乡村社会有了一些基本认知，也产生了较深厚的情感，遂开始对"三

---

① 习近平：《高举中国特色社会主义伟大旗帜　为全面建设社会主义现代化国家而团结奋斗——在中国共产党第二十次全国代表大会上的报告》，人民出版社 2022 年版，第 30—31 页。

农"问题产生兴趣。后来,笔者到英国留学,在留学期间调研了许多欧洲的大农场、新社区,也得到了很多启发,但当时就认为不能简单照搬国外的大农场模式,要在借鉴欧美现代化农业强国模式的基础上,走出适合自己的新路子。故此,笔者着手予以探索和研究,在汲取诸多前贤研究成果的基础上三年前萌生了"户田产"的新想法、新概念和新思路。一般关于经济的研究,学者们通常考量标准是以经济发展效率、市场效益等经济指标为第一标准。但笔者更重视经济改革过程中的政治考量,政治稳定、国家安定,要注重各个层面的民心稳定,考虑民众的平衡感、安全感,在发展中稳中求进。

笔者三年前萌生"户田产"思路,一个重要的启发是我国城市运作非常成功且具有经济发动机功能的金融化房地产,因为房地产成功激发了个人和家庭投资者的消费需求,形成了良性的经济循环。当前,我国地方政府负债率很高,尤其是隐性负债居高不下。笔者当时设想,假如把城市具有经济发动机功能的金融化房地产引入乡村,将农村一部分的土地资源也像城市土地一样金融化,并增加一块足够养活一家人的"田",将之演变成乡村"房田产",把城市市民尤其是中等收入以上的家庭吸引到乡村,那将会拥有比城市房地产更强大的经济功能,不仅可以解决拥有者一家人的住宿安居问题,而且可以成为拥有者一家人安身立命、养家糊口、延续血脉的家庭生存基地。上升到国家层面来看,就可以为解决地方负债、乡村大开发、乡村振兴开辟一条新路径。

笔者最初把这种新概念命名为"房田产",后来考虑到一户只能拥有一份,不能多占,遂将"房田产"更名为"户田产","户"字含义是一户一份,一般以包含老人、小孩在内平均6—8口人的家庭为单位。在户田产下,每家每户的房产与田产实现"二合一",居住功能与生产功能实现"二合一",让生活与生产在一小块地域空间内紧密结合在一起,从而达到生产单元和生活单元的有机融合和完全统一。

通过户田产的试点开发,研究处理好土地和农民的关系,谨慎推进农村宅基地改革,实现乡村土地有效确权和闲置盘活,兼具限制每户占地面积,一户只有一份,避免历史上的土地兼并。户田产有利于赋予农民更加充分的财产权益;有利于在乡村创造更多的就业机会。同时,户田产有利于农村土地土壤优质化改造和金融化入市;有利于把永久基本农田建成高标准农田。总之,户田产把农村的一部分土地资源金融化,通过资本的良性注入而激活起来,把城市过剩资本引入并聚焦于乡村振兴之中,把"创新、协调、绿色、开放、共享"的新发展理念融入下一阶段乡村建设之中,畅通全国城乡要素流动和推动乡村综合大开发,使乡村城市化、生态化、现代化、宜居化、宜业化,借此开辟一条全面振兴乡村的新路径。

笔者之所以在三年前萌生"户田产"的新想法、新概念和新思路,当时是基于以下五个方面的考虑:

一是从居安思危方面考虑,假若有了户田产,就可以从容应对全球农业粮食危机。为应对全球粮食危机和中美粮食博弈,我国迫切需要构建一个粮食自给自足的安全体系,该安全体系对农村耕地和农民生产积极性都具有保护作用,对我国粮食保障供给意义巨大。农村耕地是全国人民的命根子,是中华民族永续发展的根基;让农民能获利、多获利,可以切实保护农民的种粮积极性。笔者当时想,假若有了户田产,农村耕地和农民生产积极性都能够得到有效保护,对深挖我国农业潜力、夯实我国农业基础大有裨益。另外,通过户田产可以促进农村人工造田运动兴起,以便新造大量耕地,让"饭碗牢牢端在自己手中"落到实处。唯有如此,在面对全球粮食危机和国际博弈时才能够裹粮坐甲、稳中求进、稳操胜券。

二是从深化农村改革方面考虑,假若有了户田产,就可以为深化农村改革提供一条新路径。户田产重在盘活乡村存量资源,在过去是闲置资产,而不是从西方经济理论中找答案、照搬西方乡村发展模式。把房地产转型升级为户田产,对之进行试点和实践,使之向着产业化和规模化的方向发展,逐步探寻户田产的现实可行性和完善户田产的理论体系,以此为深化我国农村改革找到一条行之有效的新路径。深化农村改革包括土地制度改革、城乡二元结构改革、社会保障制度改革等方面,对这些方面的深化改革,有利于把全国人民创造财富和发展科技的积极性、主动性激发出来,向广大的农村进军,向生产的广度进军,人尽其才,地尽其用,资本盘活,城乡一体化联动发展。

三是从落实党中央全面推进乡村振兴战略方面考虑,假若有了户田产,就可以为落实党中央全面推进乡村振兴战略找到一个新抓手。乡村治,百姓安,国家稳,全面推进乡村振兴,全面建设社会主义现代化国家,最艰巨最繁重的任务仍然在农村。乡村人口占全国总人口很大比例,乡村治理的核心是"人",在其背后必然涉及与人相关的生存需求、组织架构、制度体系、社会福利、资产管理等一系列问题,涉及复杂的社会治理问题。假若有了户田产,可以通过户田产对乡村进行新的大开发,借此对复杂的乡村社会治理问题通盘考虑,重新整体布局、重新整体设计、重新整体推进。

同时,把城市人口、人才、资金引向乡村,在现有的城市化运动基础上产生一种反向的"逆城市化"运动,为乡村城市化、社会化、现代化提供新动力,借此破解城乡二元结构难题,为农民创收增收、全面振兴乡村找到一个强有力的新抓手。

四是从未雨绸缪方面考虑,假若有了户田产,就可以为社会稳定预设稳定器和修筑失业防洪堤。两极分化是中国自古以来难以解决的难题,当老百姓陷入极端贫困、无法解决基本生存问题时,就容易陷入社会动荡。尤其是城市居民,一旦失业时间较长,吃不上饭,生存成为问题时就会演变为社会不稳定因素。假若城市居民在乡村拥有自己的一份户田产,当遇到诸如战争、自然灾害、生化危机、经济危机等重大变故时他们就可以回归到乡村的户田产里养家糊口、维持生计,户田产就成为稳固家庭生存的基地。这样一来,城市居民就不怕因失业带来生活冲击和生存威胁,从而可以在城乡之间游刃有余、进退自如。我国有9亿劳动力,劳动力严重过剩,就业问题始终是国之大事。科技创新固然能够解决一部分城市就业岗位,但毕竟有限,更多的就业岗位需要有更为广阔的就业空间,户田产向广大的农村进军,在创造就业岗位方面,拥有其他产业不可比拟的独特优势。同城市房地产吸纳就业的能力相比,户田产可能更胜一筹。因而,仅从缓解就业高压力、舒缓大众生存焦虑、稳定社会大局来看,户田产是值得尝试的新思路、新举措。

五是从赓续中华农耕文明方面考虑,假若有了户田产,就可以返古开新,继往开来,把中华农耕文明发扬光大。历史悠久的农耕文明,是中华文明的重要内涵。中华农耕文明是世界四大农耕文明中唯一延绵不断、一以贯之、高峰迭起的农耕文明,有其独特的韧性和顽强的生命力。中华农耕文明集诸子百家思想以及各类文化、各种宗教为一体，有其独特的国家制度、礼俗制度、教育制度以及灿烂文化，形成了独具特色的价值观、世界观、人生观，拥有丰富的内涵和鲜明的特征，是世界上现存最为优秀的文化集成者之一，值得当代中国人继承、赓续和发扬。中华农耕文明是家庭小农业和家庭手工业紧密结合的农耕文明，其耕织合一的特点使其凭借一小块土地就能自产自销、自给自足，易安居、易聚众、易繁衍生息，在维持中华民族几千年人口数量优势方面发挥了巨大的历史作用。中华农耕文明就像户田产强调的"田"字一样，划分明确，井然有序，容易避免冲突，有利于人与人之间的和谐相处、共生共荣。乡村兴则生态兴，生态兴则文明兴。现代生态文明要求我国尽快实现碳达峰和碳中和的"双碳目标"，赓续中华农耕文明，无疑有利于我国"双碳目标"的实现，有利于我国生态经济和生态文明的建设。

以上五个方面的考虑，成为笔者撰写本书的最初动因，想到户田产能够为落实党中央全面推进乡村振兴战略找到一条新路径，为深化农村改革、造福乡村农民增添一个新举措，笔者便有了探研、写作的劲头。但由于笔者年轻见短，才疏学浅，不当之处，在所难免。笔者在本书中探研的户田产，只能算是略有思考，撰写本书的目的也是希望思想火花有些许可取之处，发挥抛砖引玉的作用。祈望专家同人批评指正，笔者将虚心接受。

# 第一章 户田产背景综述

户田产在中国的发展机遇,是基于这样一个简单的逻辑:在中国这样一个古老的农业国度里,以土地为核心的农耕文明早已世世代代融入中国人的血液中、骨子里和灵魂深处,铸定了中国人对土地的心理偏好和价值取向。自古以来绝大多数中国人是以土地为生的农民,对土地带有热烈的感情。本章从户田产诞生的历史背景和时代背景入手,阐明户田产诞生有其深厚的历史渊源和时代趋势。户田产之诞生,是势之所然,不得不然,以及情之所然,自然而然。在不久的将来,户田产必将因势、因时、因需应运而生。

## 第一节 户田产产生的历史背景

### 一、中国是农业文明发源地

关于农业发明的历史认定,西方学者普遍认为古埃及人最早发明了农业,中国居四大文明古国的末位。而越来越多的考古证据证明,中国远古祖先最有可能是全球最早的农业发明者。

在湖南省道县寿雁镇白石寨村玉蟾岩遗址中,发现了世界上最早的人工种植水稻,时间在距今一万两千年到一万八千年之间。因此,早在战国时期前,中国的农业文明已经演进了至少一万年的漫长历程。①

《史记·周本纪》记载:"武王追思先圣王,乃褒封神农之后于焦。"伐灭商纣王的周武王,为了追思"先圣王",纪念神农氏的历史功绩,把神农氏部族的后人分封在"焦国"。"神农"只是中国远古发明农业的人格神,是中国远古农业文明人格化的抽象人物,湖南省道县玉蟾岩遗址中的古人,就是中华祖先最早发明农业的"神农"之一。

## 二、中华自古"以农立国"一度达到农耕文明世界巅峰

中国古人如何发明农业在古籍中有不少记载。

《周易·系辞下》记载:

"包牺氏没,神农氏作,斫木为耜,揉木为耒,耒耨之利,以教天下。"

《庄子·盗跖》记载:

"神农之世,卧则居居,起则于于,民知其母,不知其父,与麋鹿共处,耕而食,织而衣,无有相害之心,此至德之隆也。"

上述古籍关于"神农"发明农业的记载是十分明确的。其中《周易·系辞下》关于神农氏教民"斫木为耜,揉木为耒"以进行农业耕种的记载,向我们透露了一条重要信息:中国早期农业是利用

① 张文绪、袁家荣:《湖南道县玉蟾岩古栽培稻的初步研究》,《作物学报》1998年第4期;刘志一:《稻作农业起源新证》,《农业考古》2013年第4期。

木制的"耒"和"耒"来耕种的。也就是说,中国古人发明农业是发生在金属工具还没有出现之前的木制农具时代,是用木制农具"耒"和"耒"进行农作物生产的。

中华农业文明的诞生地在黄土高原。黄土多孔、疏松、细腻、直立性好,晚秋、冬季、初春之时,黄土高原野草枯萎干燥,经火一烧,全部化为灰烬,黄土自然裸露出来。这时无论什么坚硬的器物诸如木刀(削尖的木棒)、石刀之类便可以翻动疏松的黄土,播撒种子,所谓"刀耕火种"即是。远古中国人所用"刀耕"之"刀",不是后来的青铜刀或铁刀,而是木刀或石刀,主要是木刀,即《周易·系辞下》所说的"耒"和"耒"。"耒"在《说文解字》里的解释是"耒,手耕曲木也",也就是削尖用于翻土的木棒或用树枝制成的二分叉形的翻土工具。"耒"是安装木制的齿状木犁铧(犁地时插入土壤的犁头)的木犁。有意思的是,制作"耒"(犁铧是木齿状的木犁)的工具"斫"("斫木为耒"),指的是用石制的石斧砍伐,从"斫"字的偏旁部首是"石"字偏旁而不是金属偏旁中可以看出。这说明,中国古人进行农业耕作时使用的是石斧和木犁铧,不是金属制品。由此可知,中国发明农业先于发明金属工具,在金属工具还没有发明和使用之前,农业已经率先被发明出来了。中国古人只需采用木耒、木耒就可以在黄土高原犁地、下种、除草,种植农作物,这就使中国农业文明要比古埃及、古巴比伦、古印度早出许多年。这一点若与西欧相比,就更显优越。西欧由于温带海洋性气候下植被盘根错节加上泥土板结,只能等到两千年前铁制农具出现以后才会跨进农业文明的门槛,比中国晚了一万年时间。

### 三、人工造田是中华农耕文明的重要体现

人类历史上善于人工造田的民族都是伟大民族。从广义上讲,地球上原本没有田地,所有的农业田地,都是人工造田的产物;从狭义上讲,人工造田指那些原本无法作为田地的物理空间被人为地改造成适用于农业耕作的高标准田地。人类历史上有两大人工造田民族,一个是人所共知的荷兰,其国土的四分之一面积是人工围海造田的产物;另一个是中国,就人工造田时间和面积而言,中华农耕文明独步全球,在历史上掀起了一次又一次的人工造田运动。

荷兰统计局(CBS)的最新数据显示,荷兰的农用地(耕地和牧场)总面积约 197.1 万公顷(不足 3000 万亩)。第三次全国国土调查数据显示,我国耕地面积 19.179 亿亩(以 2019 年 12 月 31 日为准),其中仅 1997—2020 年非农建设占用耕地面积 2746.5 万亩,接近荷兰的农用地(耕地和牧场)。我国 19.179 亿亩是荷兰的农用地(耕地和牧场)总面积 197.1 万公顷(以 3000 万亩计算)的约 64 倍。2022 年荷兰人口 1780 万人,同年我国人口 14.1178 亿人,我国人口是荷兰人口的 79 倍。考虑到我国 19.179 亿亩耕地没有计算草原和牧场面积,我国人均人造耕地面积应不亚于最负盛名的荷兰人的人造耕地面积。

中国的人工造田与人口压力密切相关。宋代人口超过 1 亿人,开始出现大规模的人工造田运动。南宋时期的山东、河北、河东郡因"人稠地窄",已经达到"寸土悉垦"的地步。① 江、浙、皖一

---

① (南宋时金朝)赵秉文:《闲闲老人滏水文集》,卷十一,《梁公墓铭》。

带,尤其是太湖地区掀起一次又一次的围湖造田高潮,太湖水域一度被垦掉三分之一。明代中国人口突破 2 亿大关①,造田运动大规模展开。

到了清代,随着人口压力加大,中国造田运动达到高潮,在时间上、规模上、造田数量上,都是人类造田史上空前的,其中两湖地区最为突出。康、乾时期,湖北的襄阳、宜城、南漳、枣阳、光化五县垦额超过 2604305 亩②,数量非常可观。

清乾隆五年,清廷宣布地角山头的零星田地免税,山坳田和梯田的建造更大规模地展开,梯田连岗接阜地出现。清乾隆后期,在人口压力下,中国逐渐推广了高产耐旱的玉米、红薯作为杂粮,很多地方作为主粮,由此促进了支离破碎的小块土地的开垦。湖北省利川县情况是:

> "深山穷谷,石陵沙阜,莫不芟辟耕耨……绝壑穷巅,亦播种其上,可谓地无遗利,人无遗力矣。"③

山田的垦辟同堤垸田的围垦相比,在规模上要小许多。湖北筑垸造田最典型的是沔阳县。光绪十年统计,全县共修 1398 堤垸,造田 4065372 亩,沔阳成为堤垸王国。④ 经过清代造田运动,"凡稍有可得收,无论高下,决无不垦之土","虽高山峻岭,皆成禾稼"。⑤

中国的耕地,绝大部分是人工造田的结果,或开荒造田,或围

---

① 复旦大学葛剑雄教授认为明代中国人口突破 2 亿大关,此处采用葛剑雄教授观点。参阅葛剑雄、曹树基:《对明代人口总数的新估计》,《中国史研究》1985 年第 1 期总 65 期。
② (清)恩联:《襄阳府志》,卷十三,《赋役志》。
③ (清)黄世崇:《利川县志》,卷四,《选举表》。
④ (清)禹殿鳌修,(清)方弘履,纂:《沔阳州志》,卷四,《赋役》。
⑤ (清)王研恭:《郧阳府志》,卷十一,《赋役》。

湖造田,或垦滩造田,或劈山造田,或砍林造田,或运土造田,或"打坝淤地"造田。中国高山上的梯田、湖泽地区的圩田、黄土高原的坝田、江河附近的滩田、大海旁边的海田等,都是人工造田的成果。中国的梯田,"缘山导泉",从山脚开始,层层而上,达到山顶,最能展现中国人工造田的精神和风貌。

### 四、户田产将有利于赓续中华农耕文明

户田产之所以能够赓续中华农耕文明,主要是能够正确看待中国自古以来以家庭为生产单位的小农经济的优点和缺点。户田产在发扬中国传统小农经济自耕自食、自产自销、自给自足的优点的同时,利用现代计划经济和市场经济的优点克服其存在的缺点,在尽量放大中国传统小农经济长处的同时,尽量降低其短处,使古老的小农经济特性在现代市场经济条件下转变成"失业防洪堤"和"社会稳定器",既赓续中华农耕文明,又在广大乡村开辟出一片广阔无垠的新经济蓝海。

## 第二节　户田产产生的时代背景

### 一、我国工业化已经基本完成并取得辉煌成就

我国从近代的 19 世纪 60 年代洋务运动开始,便走上了探索工业化的发展历程,但真正举国走上工业化的道路,则是 1949 年新中国成立后。

新中国成立后,工业化作为我国坚定的国策,在抗美援朝战争取得胜利后,争取到了苏联 156 个大型工业援建项目。

苏联援建的 156 个大型工业项目是人类历史上最大的工业技术和知识产权转移,为中国工业化开启了良好的第一步。中国由此告别数千年的农业国,走上快速工业化之路。

改革开放 40 多年,尤其是 2001 年中国加入世界贸易组织后,中国工业化进入快车道。中国前后仅用了 70 年的时间,就完成了西方一些发达国家用 300 年才完成的工业化,建成了世界上最为完善的工业体系之一。

在人类文明的工业化发展史上,中国完成工业化的历史意义特别重大。因为,2021 年年底中国有 14.13 亿人口,比同年全球公认的 31 个发达国家人口(9.385 亿人)还要多出 4.745 亿人,是全球公认的 31 个发达国家总人口的 1.51 倍。

我国工业化的完成和辉煌成就的取得,为我国工业反哺农业、城市反哺乡村、市民反哺农民创造了条件,从而为全面振兴乡村创造了条件,全面振兴乡村的新时代在中国已经正式来临。

本书将要探讨的户田产大开发,像房地产大开发一样,需要巨量的工业材料和各种机器设备,我国工业化完成和取得的辉煌成就,为户田产大开发提供了充分的物质条件。

**二、全面振兴乡村时代正式来临**

2005 年 10 月 8 日,党的十六届五中全会通过《中共中央关于制定国民经济和社会发展第十一个五年规划的建议》,提出要按照"生产发展、生活宽裕、乡风文明、村容整洁、管理民主"的要求,扎实推进社会主义新农村建设。自此,我国的新农村建设开始启动。

2013 年 7 月,习近平总书记提出,实现城乡一体化,建设美丽乡村,是要给乡亲们造福。新农村建设开始升级为美丽乡村建设。此后我国乡村大规模修建水泥路,实现村村通、户户通,由"硬化"进一步发展为"绿化""亮化""美化",包括"厕所革命"、垃圾处理和污水处理等。

自 2013 年 7 月后我国政府对乡村进行了大规模的投资建设。8 年财政专项扶贫 1.6 万亿元,精准扶贫贷款 9.2 万亿元,乡村建设累计投资 14 万亿元,三者加在一起共计 24.8 万亿元,这种投资持续力度之大、时间之长,在全球是独一无二的,所取得的成效和成就也是巨大的、空前的。

经过十几年的乡村建设,我国的乡村实现了"电通""路通""网通",全国村容村貌大幅度提升,美丽乡村建设取得了巨大成就,全国乡村面貌焕然一新。全国村容村貌,包括老、少、边、远的村容村貌,不输于发达国家,尤其在交通、网络、电信、网购方面超越了不少发达国家。

2017 年 10 月 18 日,党的十九大报告指出,农业农村农民问题是关系国计民生的根本性问题,必须始终把解决好"三农"问题作为全党工作重中之重。举全党全社会之力推动乡村振兴,这是党中央首次提出实施乡村振兴战略,并将其列为决胜全面建成小康社会需要实施的七大战略之一。自此,中共中央、国务院每年发布的中央"一号文件",对新发展阶段优先发展农业农村、全面推进乡村振兴不断调整总体部署,不断完善总体规划。

全面振兴乡村包括产业振兴、人才振兴、文化振兴、生态振兴、组织振兴等,是一种全方位、立体型、多维度的振兴,其核心内容和总体要求就是党的十九大报告提出的"产业兴旺、生态宜居、乡风文明、治理有效、生活富裕"20个字。

2018年9月，中共中央、国务院印发了《乡村振兴战略规划（2018—2022年）》。2021年2月21日，《中共中央、国务院关于全面推进乡村振兴加快农业农村现代化的意见》发布；3月22日，《中共中央、国务院关于实现巩固拓展脱贫攻坚成果同乡村振兴有效衔接的意见》发布；4月29日，十三届全国人大常委会第二十八次会议表决通过《中华人民共和国乡村振兴促进法》。自此，我国全面振兴乡村战略以法律形式落地和正式出笼，标志着我国全面振兴乡村时代的正式来临。

在中国，实施乡村振兴战略，有其必要性和可行性，主要表现为：

首先，全面振兴乡村，是国内经济大循环之必须。

在"百年未有之大变局"下，以美国为首的资本主义国家，对我国高端技术和高端产业极力打压；对我国产业链、供应链极力破坏；对我国"一带一路"倡议极力围堵，对我国和平发展极力遏制。在此"黑云压城"的恶劣国际新环境下，我国不得不把过去融入世界资本主义经济体系的外向型经济转型为以国内大循环为主体、国内国际双循环相互促进的新发展格局。

国内经济大循环要求城乡经济双向循环，没有乡村经济的参与，没有乡村的全面振兴，国内经济大循环将会落空，尤其是依托乡村集体经济发展产业化大农业，是实现国内经济大循环的战略基础，必须大力发展。

其次，全面振兴乡村，是民心所向之使然。

环境污染、土壤退化、生态恶化、资源瓶颈、生物减少，转基因、毒食品、黑河沟、重金属、癌症村，这些都严重危害了人民群众的身体健康和生命安全,人民群众对之非常不满和深感忧虑。

走生态文明之路,发展生态经济、呼唤绿色食品、还子孙后代一片洁净天地是民心所向,已成磅礴之势,势必驱使我国经济朝此方向发展。

最后,全面振兴乡村,是中华民族伟大复兴题中应有之义。

没有乡村全面振兴便没有中华民族伟大复兴,要实现中华民族伟大复兴,必须实现乡村全面振兴。实现中华民族伟大复兴,最艰巨最繁重的任务依然在农村,最广泛最深厚的基础依然在农村。作为全球最古老、最辉煌的农业文明,若农业不振、农村凋敝、农民不幸、农家困厄,中华民族伟大复兴的历史使命就不能算完成。


### 三、全面振兴乡村需要一个经济发动机

我国的工业化、城市化呼唤出了房地产的诞生,房地产成为我国工业化、城市化发展的一个强有力的经济发动机。一则为各级政府提供了土地金融和土地财政,解决了工业化、城市化的原始资本积累问题;二则为各行各业发展从需求侧提供了广阔的销售市场,让各行各业都有发展空间,尤其是城乡上亿农民从事房地产建设。

工业化、城市化的结果是全面振兴城市,使我国城市如雨后春笋般蓬勃发展。例如,深圳在改革开放前只是一个小渔村,现在成为拥有人口1800万、高楼林立的特大城市。类似深圳的城市在中国大地比比皆是。

全面振兴城市,需要房地产与之匹配,需要房地产作为动力引

擎,那么,全面振兴地域面积更为辽阔的乡村,就更需要有一个新的动力引擎与之匹配。户田产,通过把城市房地产模式引入乡村,再在其中增加一块"田",像城市房地产把城市土地金融化一样,户田产把乡村一部分土地金融化,进行市场化的入市运作,赋予其内在的动力机制和内生原动力,像以往房地产拉动城市经济大发展一样,户田产拉动乡村经济大发展。因此,全面振兴乡村时代已经来临,需要把城市房地产引入乡村,拉动乡村经济大发展,令乡村城市化,户田产是房地产在乡村中的应用和升级版,可以成为全面振兴乡村经济的强有力发动机。

中华农耕文明源远流长,在世界上长期处于领先地位,一度登上了人类古代农业文明的巅峰。经过中国共产党的艰苦努力,尤其是新中国成立后以及改革开放四十多年来的快速发展,中国已由一个古老的农业国转变成了一个强大的工业国,成为当之无愧的"世界工厂"。在中国工业化已经基本完成和城市化取得巨大成就的前提下,中国经济正式进入了工业反哺农业、城市反哺乡村、市民反哺农民和全面振兴乡村的新时代。与此同时,国际环境发生重大变化,在百年未有之大变局下,中国立足于把握新发展阶段、贯彻新发展理念、构建新发展格局,实行以国内大循环为主体、国内国际双循环相互促进的发展之路。国内经济大循环要求城乡经济双向循环,在乡村振兴战略的推动下,农村经济的发展将成为新的经济增长点,有更宽广的领域值得去投资和发展。正是在这样的背景下,笔者提出了户田产。

1858 年,马克思在《〈政治经济学批判〉序言》一文中指出:"人类始终只提出自己能够解决的任务,因为只要仔细考察就可以发现,任务本身,只有在解决它的物质条件已经存在或者至少是在生成过程中的时候,才会产生。"①笔者在本论中提出并阐述的户田产新想法、新概念和新思路,正是一个"自己能够解决的任务",那是因为发展户田产的"物质条件已经存在",户田产会因势、因时、因需应运而生,是因为中国的工业化已经完成,有雄厚的工业打底,户田产开发所需的资金、人才、技术,一样不缺,可谓"万事俱备只欠东风"。笔者认为,户田产就具有类似城市房地产的新经济发动机功能,因而不揣浅陋、不遗余力地予以探索和研究。

1930年1月5日,毛泽东同志利用很难得的战斗空隙,在福建省龙岩上杭县古田镇赖坊村一家店铺阁楼上,彻夜长书,写下了《星星之火,可以燎原》一文,在此文的结尾毛泽东同志有一段话表明了他对中国革命高潮必然到来的坚定信念,笔者在这里借用毛泽东同志的这段话,用于表明笔者对户田产发展的坚定信念:

"马克思主义者不是算命先生,未来的发展和变化,只应该也只能说出个大的方向,不应该也不可能机械地规定时日。但我所说的中国革命高潮快要到来,决不是如有些人所谓'有到来之可能'那样完全没有行动意义的、可望而不可即的一种空的东西。它是站在海岸遥望海中已经看得见桅杆尖头了的一只航船,它是立于高山之巅远看东方已见光芒四射喷薄欲出的一轮朝日,它是躁动于母腹中的快要成熟了的一个婴儿。"②

---

① 《马克思恩格斯选集》第2卷,人民出版社2012年版,第3页。
② 《毛泽东选集》第1卷,人民出版社1991年版,第106页。

# 第二章 户田产新概念由来、释义与户田产本质特征

## 第一节 户田产新概念的由来

### 一、学术界不同观点与建策的启迪作用

实施乡村振兴战略,是在新时代背景下解决我国"三农"问题所作出的重大战略决策,在我国农业农村现代化进程中具有跨时代的里程碑意义。为了配合党中央、国务院乡村振兴战略的部署,学术界就乡村振兴战略全面推进进行了积极的探索,提出了很多有价值的不同观点、不同建策:

一是"三变改革"(资源变资产、资金变股金、农民变股东),走新型集体经济之路。

二是田归大片,集中于种田能手,实施规模经营。

三是资本下乡,仿效英国、美国、加拿大、澳大利亚资本主义大农场。

四是一村一品,发展成片农产品经济。

五是一二三产业融合发展,构建田园综合体。

六是国家和社会对乡村雪中送炭,打气输血,多送多补多贴,扶贫救困。

七是城市反哺乡村,工业反哺农业,国家投资"三农"。"投资仍是我们经济增长的主要动力"。

此外,还有不同角度的思路:

(1)有的学者从"人、地、钱"角度看乡村振兴战略,认为关键要提高乡村人力资源质量、深化农村土地制度改革、多渠道保障资金来源。

(2)有的学者认为应以特色小镇和美丽乡村建设协同发展为抓手,以县域为单元,以数字技术为支撑,实施乡村振兴战略。

(3)有的学者从机制创新、产业振兴、科技引领以及人才培育角度探索乡村振兴的路径。

(4)有的学者从预防失误的角度认为实施乡村振兴战略不能去小农化、不能过度产业化、不能盲目推进土地流转、不能挤压乡村生活方式、不能轻视基层"三农"工作。

以上学术界关于贯彻落实党中央乡村振兴战略的不同观点、不同建策,是从不同侧面、不同角度予以研判的结果,都有可圈可点之处,可谓见仁见智,对落实党中央全面推进乡村振兴战略都有所助益,值得肯定和借鉴。结合到本论户田产,学术界的不同观点、不同建策,对笔者颇多启迪,在拓宽笔者思路方面助益良多。

## 二、户田产新概念的缘起

笔者在大学本科一年级期间,曾发起和创建法人团体"龙海市白水镇希望之光志愿者队"并任队长,该志愿队服务的对象主要是农村留守儿童及其家庭,在几年时间里,笔者从开始独自一人到号召上千人参与,参与者包括大学生、教师、乡镇干部、学生家长等。

在对农村留守儿童开展志愿服务的过程中,笔者发现许多留守儿童父母返乡创业存在诸多障碍,最大的障碍是留守儿童父母若返回乡村就业或创业,根本无法利用乡村土地或耕地获得维持家庭生计的收入,更难以致富。一些留守儿童父母虽然愿意返乡创业,但无法得到有效的资金支撑,其创业思路无法由想法转化为实际行动,转变为现实。

为了帮助留守儿童父母排除返乡创业所遇到的障碍,笔者经过调研以后在当时确定的基本思路是:与福建省海西青年创业基金会合作,引进与基金会合作的创业导师、创业项目和无息贷款,帮助留守儿童父母中的返乡创业者,使其创业思路能付诸实践。

其中一个比较成功的合作项目是兔子养殖。当时建议留守儿童父母利用原有土地开展家兔养殖,由创业基金会联系合作银行给予 5 万—10 万元的无息贷款,以作为留守儿童父母返乡创业在起步阶段的启动资金,由创业导师(主要是民间企业家)提供养殖技术并予以实时指导。待家养兔子出笼后,养兔家庭对之予以宰杀并粗加工,之后由创业导师予以底价收购,形成一个有效的帮扶闭环。合作各方预先签订好合同,按照合同有序实施。该帮扶项目经过实践获得了很大成功,得到了返乡的留守儿童父母们的热情支持。

通过帮扶留守儿童父母返乡创业项目的成功实施,笔者对农村有了初步认识,并产生了浓厚兴趣。老乡们朴素的情感和真挚的热情令笔者深为感动,同时萌生了帮助农民打造"金锄头""金扁担"来土里刨金的想法。至此,笔者研读了大量与"三农"有关的书籍和相关专家的论述,并实地调研田园综合体项目。2020年年初,新冠疫情在全球范围内暴发,引发了笔者对未来生物战和生物安全的担忧,也产生了对全球粮食危机和中美粮食博弈的警觉。正是基于这样的初心,并经过反复思考,逐步产生了户田产的想法。

户田产参照了房地产产业发展过程中存在的利弊,借鉴了其成功的经验和失败的教训,尝试性地提出一种创新性的农业地产发展新模式。在创新户田产的过程中,笔者努力捕捉国家提出的各类制度改革和试点所透露出来的未来发展风向,努力做到与国家全面深化土地体制改革、不断推进乡村振兴的大政方针相协调、相一致。

### 三、四个思考维度与三大理念催生户田产

笔者在前言中阐明,引发笔者"户田产"新想法、新概念和新思路的"五个方面的考虑"是:(1)从居安思危方面考虑,假若有了户田产,就可以从容应对全球粮食危机;(2)从深化农村改革方面考虑,假若有了户田产,就可以为深化农村改革提供一条新路径;(3)从落实党中央全面推进乡村振兴战略方面考虑,假若有了户田产,就可以为落实党中央全面推进乡村振兴战略找到一个新抓手;(4)从未雨绸缪方面考虑,假若有了户田产,就可以为社会稳定预设稳定器和修筑失业防洪堤;(5)从赓续中华农耕文明方面考虑,假若有了户田产,就可以返古开新,继往开来,把中华农耕文明发扬光大。

促使笔者产生"户田产"的动因,除了本书前言中阐明的"五

个方面的考虑"外,还基于以下四个思考维度和三大理念,对户田产的产生起到了最后的催生作用。

**1.四个思考维度对户田产的催生作用**

第一个思考维度是,如何为我国下一个阶段的经济发展找到一个新的经济发动机。城市房地产之所以发展迅猛,主要是房地产业具有内在的动力机制和内生驱动力。人们竞相在城市购房甚至不惜借钱炒房,是因为城市房地产不仅是城市生活的必需品,同时是具有金融属性的投资品,具有保值增值功能,这就为房地产在城市的发展安上了一个动力引擎。如果户田产以房地产发展经验为借鉴,取其精华去其糟粕,把我国长时期、大规模的房地产"造房运动""造城运动"引入广大乡村,也将会为我国乡村振兴安装上一个动力引擎,其产生的动力有可能比房地产更能拉动包括钢铁、水泥、玻璃、家电、土壤制造治理等在内的上百个行业的大发展。户田产更深广的社会需求和更广大的地域空间,向我们展示了一个可能比房地产发展更美好的经济前景。

第二个思考维度是,如何让全国9亿劳动力人人有活干。党中央、国务院一再强调"稳就业",就是因为就业关乎千家万户,关乎国家稳定,是真正的国之大事。我国改革开放之初有一个非常重要的出发点,就是促进经济高速发展,即我们常说的"对内搞活"。所谓搞活经济就是让大家都动起来,都有事做、有活干。但经过四十多年的经济发展,我国经济已经由短缺经济过渡到过剩经济,由卖方市场转向买方市场。相应地,各种就业岗位稀缺并导致就业困难。如何切实解决9亿劳动力的就业难题,笔者经过思考和研究,觉得户田产有极为广阔的地域空间,可在全国掀起户田产建设所引发的"人工造田运动",而"人工造田运动"的发展空间是广大的乡村区域,"人工造田"所需的产业链首先覆盖了原来城市房地产发展过程中会涉及的行业和工种,其次还会推动土壤相关新兴产业的发展,而在未来,比城市房地产社区更广大的户田产新社区,将产生更多的就业岗位,因此完全有可能把全国 9 亿劳动力调动起来。

第三个思考维度是,如何找到解决我国人口长期均衡发展问题的好方法。2023 年 1 月 17 日,国家统计局公布的人口数据显示,2022 年年末,全国人口(包括 31 个省、自治区、直辖市和现役军人的人口,不包括居住在 31 个省、自治区、直辖市的港澳台居民和外籍人员)141175 万人,比上年末减少 85 万人,中国人口在 2022 年这一年负增长 0.06‰,这是一个具有历史意义的大拐点,中国人口历史性地进入人口零增长甚至负增长阶段。我国人多资源少,既不能参考资源丰富的俄罗斯,也不能借鉴地广人稀的欧洲他们鼓励生育的方法。户田产的发展会促进新的更低生活成本的乡村社区慢慢发展,在新的社区中能低成本地解决生活、就业、医疗、教育等基本问题,类似回到"多养活一个孩子,多抓几把米,多添几瓢水"的状态,只要一个家庭的生存焦虑感降低,就可以促进生育率提升,可以逐步解决我国人口长期均衡发展问题。

第四个思考维度是,如何找到全国共同富裕、共享发展成果的一条可行新路径。我国改革开放之初"鼓励一部分人先富起来"这一战略目标,经过四十多年的改革开放和经济发展,已经基本实现。下一发展阶段要向共同富裕、共享发展成果的方向转型,以扭转目前两极分化的不利态势和趋势。社会热议探讨通往共同富裕和共享发展成果的具体路径。经过思考和研究,笔者觉得户田产可视为一条具有可行性的新路径,可以促进解决全国农民共同富裕和全国人民共同富裕问题。

### 2. 三大理念对户田产的催生作用

除了上述四个方面的思考维度对户田产的产生起到催生作用之外,党中央确定的贯穿乡村振兴全过程的三大理念也有一定的催生作用。

党中央把全面推进乡村振兴战略列为我国新时代经济发展的重中之重,其中含有贯穿乡村振兴全过程的三大理念。这三大理念是:(1)农业农村优先发展;(2)城乡一体化融合发展;(3)生产、生活、生态"三生"协同发展。这三大理念融合在一起,贯穿乡村发展和乡村振兴的全过程。一个好的建策应当能够体现这三大理念,具有综合施策、整体推进的特点,而笔者设想的户田产就具有综合施策、整体推进的特点,与党中央确立的这三大理念完全吻合。因感觉到户田产新想法、新概念和新思路与党中央提出的三大理念完全一致,符合我国乡村未来发展的大趋势,笔者遂下定决心,决定对户田产进行深度思考和研究,户田产在党中央确立的三大理念促进下、催生下正式提出。

## 第二节　户田产的界定及含义

### 一、户田产的界定

笔者在前言中曾经指出,户田产的想法是受房地产的启发,把中国以往城市化过程中成功的房地产经验从城市引向乡村,对乡村土地进行类似城市房地产的大开发。笔者最初把这种新想法、新概念和新思路的名称并没有命名为"户田产"，而是命名为"房田产"。但后来考虑到"房田产"名称存在缺陷，很容易让人联想到房地产对耕地或农民宅基地的侵占，让良田受到侵害而越来越少。为了避免人们一听到"房田产"就联想到又要侵占乡村耕地，使户田产与房地产区隔和割裂开来，同时也为了说明户田产不同于房地产对耕地的占有，房地产越多耕地越少，而户田产相反，户田产越多人造耕地越多，于是决定把"房"字改为"户"字，一字之改。"户"字含义是一户一份，不得多占，不能像城市房地产那样一户可以占有多套房产，不让集体经济成为少数人手中的聚宝盆。同时"户"字还含有"户均"的意思，就是每户的户田产占地面积应有一定限制，以防出现"土地主"现象。将"房田产"之名更改为"户田产"，虽然只是一字之改，但却完成了户田产对房地产的切割，向世人宣告，与房地产侵占田地的"占田"运动完全相反，户田产走上了产业化的人工造田运动。以户田产为分水岭，在全国范围内打开了中国历史上新一轮人工造田运动的历史契机，拉开了新一轮人工造田的历史帷幕。

本书所说的户田产，就是把城市房地产开发模式转移到农村，在一定程度上是对房地产模式的学习。房地产的兴起加速了城市的现代化建设。但户田产对房地产的学习也不是简单的复制和拷贝，而是有新的"田"要素掺入其中，并进行了改造升级和脱胎换骨，成为一种农业资源型资产，加速乡村现代化建设。户田产把城市里的房产与乡村里的田产对接集合在一份户田产庭院之内，使每一份户田产兼具城市里的房产与乡村里的田产双重功能，由此把以往房地产只拥有"住"的单一功能转型升级为拥有"衣、食、住、养、休、乐、健、隐、防"的多元功能、复合功能和综合功能。

　　户田产在原来城市房地产基础上新增一块"田产",实现房产与田产的"二合一",在房地产单一生活功能(商住功能)基础上新增一个生产功能,是一种农业资源型资产。生产功能的新增,是户田产对房地产具有革命意义的改进和升级,有了生产功能,实现生产生活相统一,户田产便被赋予了鲜活的生命力。户田产把房地产转型升级为居住、劳动(含健身)、生产(粮棉油、猪牛羊、鸡鸭鱼、菜瓜果、树花草)、休闲、养生、隐居、绿色、环保等集于一体的新兴产业。每一户的户田产,在不大的土地空间范围内实现自然经济、庭院经济、立体经济、循环经济、生态经济、绿色经济、休闲经济、观光经济、养生经济、隐居经济的高度融合统一。

　　户田产通过对乡村土地权分立,对使用权进行票证化或其他金融模式入市流通,使城市投资者能够对乡村土地的投资进行有效确权,令城市投资者成为户田产项目下"种田、造田、养田"的股东,把经济效益差的短期游玩变为能够产生市场效益的高频旅居,使家庭投资与银行金融在乡村也能建立良性互动循环,又具限制无序扩张的"限产"功能,避免历史上的土地兼并,防止集体经济被少数人利用成为手中的"聚宝盆"。

　　户田产旨在为农民赋予更加充分的财产权益、创造更多乡村就业机会和打造更低生活成本的现代化、城市化乡村新社区,同时实现农村土地土壤优质化改造和金融化入市,逐步把永久基本农田全部建成高标准农田,健全农村金融服务体系,把农村的土地资源通过资本的良性注入而激活起来,把城市过剩金融的出路聚焦在乡村振兴,为农村"三变改革"(资源变资产、资金变股金、农民变股东)找到一个新的抓手。本书提出把房地产转型升级为户田产,把"创新、协调、绿色、开放、共享"新发展理念融入下一阶段乡村建设之中,畅通全国城乡要素流动和推动乡村综合大开发,使乡村城市化、生态化、现代化,借此探索出一条全面振兴乡村的新路径和新方式。

### 二、户田产的含义

户田产指以每户家庭为单位,在乡村享有经过金融化改革的房产与田产"二合一"的农业资源型资产。这种农业资源型资产,在未来将成为每个家庭所期待拥有和希望投资的高价值资产。户田产的探索发展,要基于我国土地制度的基本要求和限制,这种资产的所有权是借助金融方式的巧妙手段来实现的,其本质不是所有权的变更,而是使用权的长期租赁、拥有和交易、继承和接续,并没有要改变我国乡村原有的土地集体所有制性质。因为土地在空间上具有万古不变的恒定性特质,在面积大小和空间位置两个方面并不因为占有者的改变而发生任何改变。户田产借助金融手段变易的只是使用权,而不是所有权,在所有权方面,户田产所有者占有的土地依然归属于乡村集体所有。城市家庭以户田产为窗口从城市里带着资金、人才、技术等新生产要素下乡助农,通过"三变改革"或进一步深化土地改革来激活农村"沉睡"的土地资源价值,让中央企业介入乡村大开发,并集中经营农村集体经营性建设用地和其他可能入市经营或可作为配套使用的用地,依托中央企业和国家有关机构共同建立全国户田产统一市场交易平台,对乡村土地的使用权进行金融转化和分割,令城市投资者成为户田产项目下"种田、造田、养田"的股东,把经济效益较差的短期游玩变为能够产生高市场效益的高频旅居,把城市家庭的生活与农村的发展关联起来,形成长期稳定的关系和符合商业规律的市场行为。让城市家庭享有田园生活的同时,促进农民增收、产业增效、生态增值,先富带动后富,实现共同富裕。因此,户田产在符合中央政策的基础上发挥充分的创新性构想和创造性转化,为乡村振兴和"三变改革"提供了一个可探索的新思路。

户田产以一个家庭为基本单元,就像一块块积木一样组建一个新的乡村,就像城市一样,城市以市中心密集房地产建设为基础,越往郊区则建越多工厂或科技产业园等,而户田产组合过的乡村"新城市",也是以市中心密集的户田产建设为基础,越往户田产综合体区域外的郊区则建设越多大片现代化农田和农业科技园区,这就打破大家对乡村和城市的刻板印象,是时空区域重组、产业结构重组、发展格局重组、城市元素重组和经济内外循环重组的规划设计,在乡村重构一个生态环保型的"新城市"。把城市房地产开发过剩力转移到乡村振兴,把乡村里的房和田对接集合在一份户田产之内,使每一份户田产兼具商住和生产的双重功能,由此把以往城市房地产只拥有"住"的单一功能转型升级为乡村户田产拥有"衣、食、住、养、休、乐、健、隐、防"的多元功能、复合功能和综合功能,进而把乡村打造成城乡连续体和新型田园综合体,实现城乡统筹发展,城乡一体化大开发、大发展。

户田产是房地产从城市位移到乡村之后的升级版,其核心是把房地产的金融属性引入乡村,在乡村进行类似房地产的普惠金融创新,也就是把房地产的按揭贷款、分期付款运用于户田产开发建设之中,使购买户田产的城市家庭投资者像购买房地产一样拥有相关权利证,这种金融化后的权利证要有类似产权证一样的稳定性,进行有期限的确权,可上市、可租赁、可转让、可交易、可变现,但要在限制垄断兼并的基础上,通过中央企业和国家有关机构在国内形成类似房地产统一大市场那样的户田产统一大市场,能够建立相关的户田产交易所,形成安全稳定的户田产农业资源型资产的管理机制。

户田产在其开发过程中有一个重要的创新,就是在广大乡村通过统一规划、统一设计,如习近平总书记曾去考察过的四川省战旗村"拆院并院"的方式来重新设计、重新规划、重新建设。这种方式使户田产可以依托《土地管理法》的支撑,根据地方实际情况和特点,重新规划乡村土地的使用类型,令农村经营性建设用地和宅基地、耕地合理布局,把可用于入市交易的经营性建设用地与农民个人手中的宅基地配套起来使用,以此构建出新型集体经济与户田产综合体社区,把新型集体经济发展与户田产开发捆绑在一起,把城市家庭和乡村农民结对连接在一起,共同融入综合体之内,让新型集体经济与户田产成为唇亡齿寒、休戚与共的正向关联关系,紧密结合、互相补台、联动发展,以避免户田产开发引起对农民利益的侵占和对乡村集体经济的削弱。如果农村土地被私有化侵占,就会产生民心不稳的风险,所以必须坚持集体经济的基本原则,不让小部分人把集体经济作为自己的小金库。在新型集体经济与户田产综合体的开发建设过程中,农民首先享受户田产开发、销售、物业和后期综合体商业部分的收益等分红权益。其次也能在户田产新社区下再就业,负责户田产的农业托管工作(土壤治理、种植养殖、除草除虫、收割仓储等)和社会化服务工作(快递维修、卫生安保、护理老人、餐饮供给等),把农民转变成户田产新产业下的工作人员,使之获得新的工作岗位,在户田产模式下既是股东又是员工,有存在感、有话语权、有利益、有发展空间,被赋予新的社会价值。

户田产不仅能让城市市民下乡共享绿色农产品,还能共同保障生活所需,产生多重创收,户田产所对应的田,除院内田外,还能新增一部分近距离的农民所有的宅基地或耕地,结对式先富带动后富。在户田产新产业下,农民依然能选择"种地"这个熟悉工种,还能通过相关配套产业创造出更多的就业机会,通过国家补贴对农民进行职业化培训,在科技创新引导和新经济模式的支撑下不断提升职业能力。通过创新性的新型集体经济与户田产综合体社区的开发建设,为农村的现代化、庭院化、城市化、休闲化、生态化、有机化和彻底改变农村旧面貌找到一条行之有效的新途径,从而为农业、农村、农民现代化注入新的内生动力。

城市市民可城里一套房,农村一份"户田产";农民在乡下有自己的宅基地和房屋,也可通过户籍制度改革在城市拥有房产购买权;全国实行家家户户"双资产""双户口"制度(城市房地产、农村户田产)。平时在城工作,放假下乡;有工作时在城就业,失业或工作不合适时返回乡村户田产自耕自食;年轻时进城打拼,年老退休时回归自然。每家每户都有户田产这一安身立命的最后家园、最后堡垒和最后防线。这种状态,会让农民群体对在城市的生活更有安全感,从而实现更稳定的城市化。

户田产融生产、生活于一个庭院之内,这种庭院可以根据户田产的开发进行综合设计,根据不同类型的户田产或地域特点,设计独立封闭的样子。比如,每个户田产的房的部分,在设计时要考虑粮食种子等各类物资储存功能,把独栋的户田产建设为"种地"的工作站、休息站、养生站、仓储站,而不是单一的商住功能;也可以参照城市楼房模式,下层临近田地的户型为户田产城市投资者所享有,高层则为村民安置公寓。这些都属于城市规划和房屋设计问题,有很多创新的解决模式,也符合现有的农村土地管理制度。在户田产开发中,一个村庄的土地,可一部分用于开发户田产,一部分用于构建新型集体经济,保耕地数量和质量的同时把传统农业的绿色耕作方式融合进户田产的开发建设之中。

户田产不是削弱农村集体经济,而是壮大农村集体经济,构建新型集体经济。比如,以20平方千米(3万亩)为一个综合开发单元,一半土地用于户田产综合开发(私田),另一半土地用于共有共享的新型集体经济(公田),公私合一,公私并存,公私各展其长,公私优势互补。在结构上,呈现同心圆结构,内为家庭堡田院(私田)星罗棋布,外为集体庄园(公田)环绕。

一个户田产单元,便是一个综合体,内设幼儿园、小学、银行、医院、养老院、影剧院、娱乐中心、大型超市、酒店、餐馆、加油站及会议场所等各种生产生活的服务设施和便利设施。每一户的户田产都有房有田,米袋子、菜篮子、水缸子、柴堆子、猪槽子、鸡笼子,一应俱全。每个户田产综合体社区,都应该有相应的机构进行统一引导,相连的小庄园可以进行统筹规划种植,使整个园区的种植种类丰富多元却不失系统规划,重复生产的问题降到最低。与此同时,除户田产院内的小型自留地外,相关中央企业的下属公司对户田产综合体社区内统一规划种植的农作物进行帮助种植、统一收购和销售,而相关链条要和农业托管的工作相挂钩,这样农民转为农业托管人员后,其种植效率成为其收入的绩效考核,能够提高农民种田的积极性。通过中央企业对乡村进行现代化农业改造,成为一种新的生态经济。

户田产是城市空间反向延展于乡村的"乡村城市化"和"乡村

现代化"。一个大的新型集体经济与户田产综合体就是一个田园综合体和新型小城镇，其内部的交通、网络、服务等生活便利条件要逐步达到城市的标准；一个大的新型集体经济与户田产综合体就是"户在城中，田在户中"，"乡在城中，城在乡中"，城市与乡村相互融合。户与户之间比户相连，邻里相望，犹如俄罗斯套娃，大庄园里套着小庄园。对于每一家的户田产来说，其内部自成系统，麻雀虽小五脏俱全，内部自适自配、自产自销、自给自足，生态和生活可在一份不大的户田产内部实现自我小循环。

## 第三节 户田产的核心要义

户田产兼具房产与田产的双重特性，所以，其要义与我国城市房地产开发的小区商品房不同，与美英大农场及欧洲乡村庄园也不同，与日韩协会农户更有本质的区别，它具有独特的核心要义。

户田产的核心要义有三点：

（1）食物生产生态化。

（2）家庭财产均衡化。

（3）乡村生活城市化。

### 一、食物生产生态化

党的十九大提出了新时代乡村振兴战略的总要求是"产业兴旺，生态宜居，乡风文明，治理有效，生活富裕"，其中有"生态宜居"要求。党的二十大报告中提出"树立大食物观，发展设施农业，构建多元化食物供给体系"。食物生产生态化就是为了落实党的十九大提出的"生态宜居"和党的二十大提出的"大食物观"。户田产有助于这两个目标的实现。

户田产的"田",就在家门口或不远处,举步可达,举手可劳,耕作、种植、除草、除虫、施肥、采摘、搬运、储藏等。经过新型集体经济与户田产综合体的统一种植规划,不断优化种植结构,生产出来的食物多元化,自成一套种植供给体系,不仅保障社区内的食物供应,还可通过中央企业的介入走外销,赠送给亲友等。户田产庭院之内生产出来的所有入口食物供给自己家人消费食用,不以赚钱为目的,那么,所有的食物生产一定会是绿色的、生态的、有机的、环保的生产。

首先,转基因种子会被购买户田产的家庭排除在外。生产转基因食物,是生产者为了增强作物抗病虫害和增加作物产量,而这对在自家院子里自种自食的户田产之家来说,是没有意义的。既然是自种自吃,那自然要选择最好的种子。把种子的选择权直接掌握在生产果实的消费者手上,自然可以种出最放心、最好吃的食物。

其次,除草剂会被购买户田产的家庭排除在外,不会在自家的院子里使用。凡是有经济能力购买户田产的家庭,就有人力、物力不使用除草剂消除自家院里的杂草。一般户田产内的耕地面积为3—6亩,一早一晚,就足以把田里的杂草清除完。因为面积不大,也可采用德国喷火除草机替代除草剂,用天然气强火力除草,既能除掉田里的杂草,也可顺带除掉一部分土壤中的细菌、虫子。

再次,农药一般不会被购买户田产的家庭使用,最多偶尔使用一些没有毒副作用或毒副作用较小的非化学合成的生物农药(天然农药）。一般可以用手捉菜虫,用石灰、草木灰除虫。用烟叶子、大蒜、辣椒等带刺激性或含碱性的东西泡水喷洒叶面驱虫。在农药从国外引进中国之前,中国农业已经延续了一万年以上,在漫长的一万年时间里,中国的农民没有使用过什么农药。户田产在自家院子里种食物自己吃,完全可以像我们的祖先一样不必使用农药。即使有虫害损失了一点产量也没关系。

最后,对户田产家庭来说,化肥除了矿物肥如磷肥、钾肥使用一点外,也会尽量少用或不用。20世纪70年代以前,中国种田就靠农家肥,所谓"庄稼一枝花,全靠肥当家",农家肥是有机肥,不会破坏地力,不会损害土壤。化肥使用越多,土壤越板结退化,而农家肥使用越多,土壤会越疏松肥沃。自家院子里的田地,不追求产量,只追求质量,自然会排除那种破坏地力、让土壤板结固化的施肥方法。

实际上,在城市化的过程中,我国化肥、农药使用率极高,从综合角度去看,良田受到了这类化合物的严重腐蚀,化学污染严重,一旦城市降雨冲刷土壤,有害化学物质就会流入河流中,从而导致水质下降不达标,而引流长江等大水源来冲刷河道以提高水质的做法,会造成长江等水源枯竭,海岸线上升、海水侵入内陆河流,对地下水造成不可挽回的影响,长此以往,土地盐碱化更为严重。由此看来,建设高标准农田,就不能通过使用化学农药及化肥而片面地增收增产。

总之,户田产排在第一位的核心要义就是食物生产将会自动告别流行的化学农业,全程实现生态化食物生产,所生产的所有入口食物一定是绿色的、生态的、有机的、环保的。

这里采用了"自动告别"四字,指的是不需要政府引导、宣传和监督,不需要社会动员以及左邻右舍规劝,所有购买户田产的家庭为了自身健康需求会主动地进行全过程的、全要素的生态化食物生产。人是趋利避害的动物,唯有生态化食物生产,才会最自然、最安全、最健康和最放心,因而生态化食物生产将会是户田产家庭唯一理性和理智的食物生产选项。

从 GDP 经济向 GEP① 经济转型,是中国未来经济发展的必然。生态经济取代工业经济,已成必然之势,将成燎原之势。生态农业是生态经济体系中最大的一块,户田产可实实在在地把我国现阶段高污染的黑色 GDP 化学农业转变成没有任何污染的绿色 GEP 生态农业,是中国经济从 GDP 经济向 GEP 经济转型的有力杠杆。

户田产可能会掀起一场生态农业革命,让人们自觉自愿地用生态农业革掉化学农业的命,把具有污染、毒副作用的化学农业送进历史的垃圾堆,创造一种比工业经济更高层级的生态经济、比工业文明更高层级的生态文明。这正是我们期待已久的生态文明,也是我国乡村发展的未来。

## 二、家庭财产均衡化

### 1. 土地兼并,殷鉴不远

中国历史上,由于土地私有化,可以自由买卖,导致土地兼并之势不可遏制。经济史学家傅筑夫先生曾对中国古代土地兼并问题发表了一段精彩的看法:

---

① GEP,中文意思是"生态生产总值",英文为 Gross Ecosystem Product。

"土地兼并从战国时开始的第一天起，就注定这是一个永远也无法解决的问题，时间经历了两千多年，在每一个朝代中，都是不停止地日益向矛盾的顶点发展，而无任何抑止的办法，并且在每一个历史时期，都是当时社会动乱的总根源。历朝统治者面对这种致命的威胁，总是一筹莫展，有时在大乱行将来临之际，也曾力图加以阻止，试行种种办法，从温和的到激烈的，虽亦明知这是扬汤止沸，但总想找到一个弥缝补救之策。如汉代的限田制度，王莽的王田制度，两晋的占田制度，北魏的均田制度等等，都没有阻止土地兼并的滚滚狂澜。"①

土地自由买卖和土地兼并，直接的后果就是大量失地农民流离失所，背井离乡，产生庞大的流民群体，流民群体像滚雪球一样越滚越大，最后无法遏制，导致流民揭竿造反，武装起义，进而导致天下大乱。土地自由买卖和土地兼并，是战国以来中国古代社会动乱、王朝更替的总根源，是古代封建社会无法治愈的沉疴痼疾。

### 2. 户田产可有效阻止土地兼并

户田产，一户一份，一家一处，进行严格限制，权利登记透明，因而可有效阻止中国历史上的土地兼并。几十年来不少在社会上有影响的人呼吁田归大户，主张资本下乡，搞美国式的大农场、大农业，党中央对此呼吁始终持谨慎态度，坚持联产承包责任制，只在局部地区有序开小口，有效防止了现阶段的土地兼并。

---

①　傅筑夫：《中国古代经济史》，中国社会科学出版社 1981 年版，第 73 页。

### 3. 户田产独具"定产、限产、均产、恒产"功能

户田产,一户一份,自然而然地限制了土地兼并,具有"定产、限产、均产、恒产"的特殊功能。

所谓"定产",就是一户一份的户田产,土地面积是确定的,多大面积、多少平方米,要有明确的确权和登记。

所谓"限产",就是一户一份的户田产,每户家庭(比如6—8口之家)只能限定购买一份,这样做可以避免类似房地产炒房情况的发生,避免土地资源的滥用。同时,其土地面积有一定限制,边界清晰,无法越界。历史上那种"千里修书只为墙"的情况不会出现。

所谓"均产",就是一户一份的户田产,按照全国人均1.3亩地计算,一般土地规模限定在少则3至6亩,多则7至9亩。从长远发展来看,几乎全国每家每户最终都可得到一份户田产。假若全国大多数家庭可得到一份户田产,那么,就可以达到"均产"的目的。历史上,北魏、北齐、隋、唐都实行"均田制",所受之田不准买卖,年老身死,还田官府,就是为了防止土地自由买卖导致土地兼并,而户田产则是建立在这种防止土地兼并的古法上的升级,是可以传承、可继承、可交易的。户田产因限定在一户一份,防止了土地兼并,通过长时期的乡村新型集体经济与户田产综合开发,积数代人的努力,完全可以达到历史上的"均田制"的目的,实践效果将远超历史上的"均田制"。

所谓"恒产",就是一户一份的户田产,对其中的每一个人来说,可以一生使用,因为建立了全国户田产统一市场交易平台,进行了有期限的确权登记,到期后家庭成员可优先续权,或未到期则可继

承的方式,因此可以父传子,子传孙,代代相传。户田产是每一个家庭成员一生的"恒产",也是整个家庭共同的"恒产"。"有恒产者有恒心,无恒产者无恒心"①,战国时期的孟子已表明这个道理。

户田产所独具的"定产、限产、均产、恒产"功能,助推我国实现家庭田产均衡化,具有"为万世开太平"的长远作用,是安身立命、治国安邦、稳定社会的治安长策。

### 三、乡村生活城市化

户田产,把城市房地产开发的精髓应用于乡村,是城市化的反向运动,即"逆城市化"。这种"逆城市化"运动不是抗拒城市化、阻遏城市化、削弱城市化,而是把城市化的优秀成果转化到乡村,畅通农村和城市的要素流动,用于提升乡村的生活品质和社会风貌,把落后的"旧三农"提升到高层级、高品质、高境界的"新三农"。其核心点是借鉴城市化优秀成果并应用于乡村,是乡村向城市学习,农民向市民学习,农业向工业学习。

户田产,其开发类似于房地产开发,所不同的是,在房地产基础上新增加了一块核心要素,即"农田",其本质是"房田产",即房中有田,田旁有房,房与田二合一。户田产改变了房地产单一的居住功能,在一块不大的户田产之内,生产和生活融为一体,具备一家人生存所需的各种生活要素,是全要素、全功能、全封闭的生产生活复合区。

户田产,将会像韩国的"新村运动"、日本的"造町运动"、我国台湾地区的"农村再生"一样,使我国广大的乡村走上"农村城市

① (战国)孟轲:《孟子》,卷五,《滕文公上》(三),《问为国》。

化"的道路,让我国乡村农民享受城市市民一样的生活品质,让城市市民到乡村具有宜居宜业的生活环境。

在户田产大开发下,我国延续数千年的城乡差距将会逐步缩小,实现城乡无差别,城乡一体化;实现农民市民化,市民农民化;实现农民进城上楼,市民下乡种田;实现体力劳动和脑力劳动相互融通和相互切换。通过大力发展户田产,将会促使我国城乡的基本构成、基本状貌和基本态势发生带有革命意义的根本性变化。"城市和乡村之间的对立也将消失。从事农业和工业的将是同一些人,而不再是两个不同的阶级,单从纯粹物质方面的原因来看,这也是共产主义联合体的必要条件。"[①]马克思所说的城乡差别、工农差别将有可能在户田产开发完成的前提下逐步消失,这也是笔者对户田产这个新产业的期待。

## 第四节　户田产的本质特征

户田产的本质特征,是户田产独有的内在特质及其外在表征,是户田产从内到外有别于其他商业地产的根本性标志。

户田产的本质特征主要有六点:

(1)兼具三重经济属性(自然经济、计划经济和市场经济"三合一")。

(2)人工造田运动(土壤制造业)。

(3)农村土地金融化(户田产统一大市场)。

---

① 《马克思恩格斯选集》第1卷,人民出版社2012年版,第308页。

（4）全要素新设计（畅通城乡要素流动）。

（5）内在驱动机制（内生原动力）。

（6）新型共同富裕（以分产均产达共产共享）。


### 一、兼具三重经济属性

户田产兼具自然经济、计划经济和市场经济三重经济属性，可谓"一身三任"，三种经济属性在户田产上都具备并有所表现，因而户田产是一种自然经济、计划经济和市场经济"三合一"的混合型新产业和新业态。在户田产上，自然经济、计划经济和市场经济三种经济属性实现了完美结合和完全统一，并让三种不同的经济属性各展其优长，发挥各自独特的经济功能，从而实现优势互补和功能升级，且具有更强大的"经世济民"作用和更高更优的市场价值。

第一，户田产内的食物生产用于满足家庭成员的生活需求，具有自然经济属性，是对历史上自然经济的继承和发展。从历史上看，自然经济是一种自给自足的经济形态，生产的目的不是为了市场交换，不是为了给别人提供商品服务，而是直接满足自己和家庭的生存生活需要。原始社会的采集渔猎生产属于自然经济；中国古代一家一户独立生产、自给自足的小农经济属于自然经济；中世纪欧洲自给自足的庄园经济属于自然经济；现阶段，联产承包责任制下每个家庭自产自销的那部分农产品属于自然经济。

列宁对自然经济的自给自足特性有一段经典性的描述，他说：

"在自然经济下，社会是由许许多多同类的经济单位（父权制的农民家庭、原始村社、封建领地）组成的，每个这样的单位从事各种经济工作，从采掘各种原料开始，直到最后把这些原料制作得可供消费。"①

毛泽东同志认为,中国封建经济制度的主要特点就是自给自足,他说:

"自给自足的自然经济占主要地位。农民不但生产自己需要的农产品,而且生产自己需要的大部分手工业品。地主和贵族对于从农民剥削来的地租,也主要地是自己享用,而不是用于交换。那时虽有交换的发展,但是在整个经济中不起决定的作用。"②

自人类农业文明诞生以来,自然经济是拥有最悠久历史的经济形态,虽然这种经济形态是落后的、有缺点的,它在分散经营条件下,生产效率低,排斥分工,缺少积累,对市场交易贡献较少。但这种经济形态又有其天然的优点,这种经济形态与生产力水平低下和社会分工不发达相适应,具有最顽强的生命力和最耐久的延续力。所以,马克思说自然经济"几乎完全自给自足""不依赖于市场"适合于静止的社会状态。③ 这种自给自足、不依赖于市场的自然经济在充满动荡和焦虑不安的市场经济条件下,恰好是一种有益的补充形式,有利于减少人们的生存压力,缓解人们的焦虑情绪,对稳定社会大局有益。

第二,户田产每一步发展、每一个环节都是计划的产物,具有计划经济属性,对我国前 30 年计划经济的优点既有继承又有发

---

① 《列宁全集》第 3 卷,人民出版社 2013 年版,第 17 页。

② 《毛泽东选集》第二卷,人民出版社 1991 年版,第 623—624 页。

③ 上述引号中的引文来自"由于对这种形式来说农业和家庭工业的结合是必不可少的,由于农民家庭这样一来实现了几乎完全的自给自足,由于它不依赖于市场和它以外那部分社会的生产运动和历史运动,总之,由于自然经济本身的性质,这种形式也就完全适合于为静止的社会状态提供基础,如像我们在亚洲看到的那样。"《马克思恩格斯文集》第 7 卷,人民出版社 2009 年版,第 899 页。

展。计划经济是完全有别于自然经济和市场经济的一种经济形态,从把全社会作为一个整体进行通盘考虑、通盘布局、通盘计划的角度看,计划经济有利于克服市场经济的盲目性,在宏观层面有高于市场经济的一些优点,但进入经济的微观层面,计划经济不如市场经济灵活,又有其不可否认的缺点。本书所设计的户田产,既利用了计划经济的优点又发挥了户田产所具有的自然经济属性和市场经济属性来克服或弥补计划经济的缺点。

户田产所具有的计划经济属性主要体现在三个方面:

一是对每一家的土地规模进行计划。按照全国人均一亩三分地也就是每个家庭5—8亩的面积来规划每一份户田产的土地规模,在户田产土地规模的设计设置上体现了计划经济特色。其最大好处是,赋予户田产"定产、限产、均产、恒产"的特殊功能,使之具有"等贵贱,均贫富"的社会作用和社会效益。

二是对每一处的新型集体经济与户田产综合体进行计划。户田产开发总是与新型集体经济捆绑在一起,联动开发,设计开发每一个新型集体经济与户田产综合体,就像设计开发城市里的房地产居住小区一样,完全由专业设计院设计,每一个新型集体经济与户田产综合体的开发建设,从宏观到中观再到微观,其每一个部分、每一个环节和每一个细节都要进行精心计划、布局、设计以及预算、管理。

三是对全国范围内户田产布局进行计划。户田产开发从试点、试验到全国铺开,不是打乱仗一哄而起,而是有计划、有步骤,分地区、分阶段,统一规划,统一布局,全国一盘棋,自上而下和自下而上,顶层设计与全流程考量,有组织地、有领导地分步实施和落实,在党中央、国务院统一领导下综合协调,统筹兼顾,有序开发,有序推进,既发挥各个地方的积极性,允许有地方特色,又不是各自为政,无序上马,无序竞争。

第三,户田产在房地产的基础上推陈出新,具备房地产可租赁、可上市、可交易、可买卖、可变现的市场经济功能,具有完全的市场经济属性,是市场经济条件下的一种新产业、新业态。同时户田产又超越了房地产,具有比房地产更强大复合功能和综合功能。房地产只是商品房,仅有住宿安居一种功能,而户田产在其中增加了"田",除了具备类似房地产商品房住宿安居功能以外,还具有生产功能,同时兼具诸如休闲、养生、养老、隐居等多种功能,具有生产生活"全能型"实用特征。

从买卖交易角度看,房地产交易的只有商品房一项,但户田产增加了一项新的内容,那就是户田产里的"田",户田产里的"田"是商品田,也被赋予了商品性质,在户田产的买卖交易过程中,既交易买卖了房产,又连带交易买卖了田产,房产与田产在交易买卖过程中,一同完成交割。

与房地产的价值相比,户田产因有一定规模、一定面积的"田"即耕地,并且户田产里的田是经过改造过的高标准田,使户田产在使用价值和实用价值方面大大超过房地产。房地产由于只有住宿安居一项功能,其住户一旦离开了市场、离开了外面资源的支撑,根本无法生活下去。但户田产则完全不同,其住户完全可以关起大门,在没有外部资源的支持下,可以长期独立生存。

在应对疫情、白热战、生物战等重大灾难、重大变故方面,房地产更是无法与户田产相比。城市房地产住户在面对疫情或生物战时,会显得非常脆弱,抗击能力很差,因居住过于密集,根本无法阻止病毒传播,伤亡也会集中且巨大。户田产住户都是单门独户,在面对疫情或生物战时则具有很强的抗击能力,能够起到生物战防御堡垒作用,可以把"大疫止于乡野"发挥到极致。

## 二、人工造田运动(土壤制造业)

户田产,其最本质的特征是人工造田,最大的经济作用是促进人工造田运动兴起,尤其是会对土壤制造业和土壤治理业的发展起到极大的促进作用。我国是农业大国,农产品极为丰富,农业经济一直是我国极为重视的经济支柱。我国的国土面积广阔,拥有大量的土地资源,这也是我国农业发达的重要基础。土壤的质量改良是决定农业生产水平和效益创收的有效手段,如何通过土壤改良治理来促进农作物质量和产量提升,一直是我国农业科技工作者所关注和重视的研究课题。在户田产大开发下,将会在全国掀起一场前所未有的人工造田运动,把许多原本不适合耕种的土地通过人工造田和土壤改良治理打造成一个个庭院内的良田,实现良田与美宅的完全统一。

户田产人工造田分为两个部分:

一是人工造新田,主要是异地取土,在本来没有田的地方造出新田,这种方式会极大地促进优质土壤国际贸易的发展,比如俄罗斯等国的黑土、泥炭土和赤土,量大质优。

二是改良土壤,把严重污染的田地治理改良;把土壤肥力差的田地提高肥力;把土壤板结的田地疏松化。总之,通过人工造田,把劣质的田地改造成优质的田地,逐步把永久基本农田全部建成高标准农田。

户田产,将会继承中国古代的人工造田精神、新中国河北沙石峪的人工造田精神和山西大寨的人工造田精神,数以亿计的劳动力向广大的农村进军,向广大的无人山区进军,把原先不适合作物生长的地理空间比如瘠薄地、砂石地、河滩地、乱石岗地等通过异地取土、远距运土、人工造土等方式改造成良田美畴。

房地产越多,耕地会越少;户田产越多则人造耕地越多。这就是户田产与房地产的本质区别,也是户田产的本质特征。人工造田,符合党的二十大精神中对乡村振兴的要求,具有新时代意义。

户田产一个最直接的经济功能就是人工造田功能。通过人工造田,在增加耕地总量的同时,会带来对土壤质量改良治理的需求,为满足发展户田产的土壤改良治理需求,必然会推动土壤制造业蓬勃兴起。关于土壤制造业兴起的法律制度上的问题,后文会专题论述,在此暂且不予论述。


### 三、农村土地金融化(户田产统一大市场)

户田产的第三个本质特征是农村土地金融化,农村土地金融化就是在农村开发的户田产像城市里开发的房地产一样,利用农村金融创新,实现户田产可按揭、可交易、可变现、可投资、可保值增值,在全国乡村构建统一的户田产大市场。

在经济新常态下,挖掘农村发展潜力,发展现代农业,促进农村经济发展是国家经济发展的重要战略组成部分,农村金融支撑作用不可或缺。当前,商业金融、合作金融和政策金融多位一体的农村金融系统在我国已经基本建成,农村金融制度创新已经成为发展新型农业主体、推进现代农业经营体系建设、破解“三农”问题的关键环节。农村土地金融作为金融制度创新的重要组成部分,对于扩大农村金融服务范围、完善农村金融组织体系、实现现代农业的规模化经营等方面发挥着重要作用。然而,中国在市场化、城市化、工业化过程中不像欧、美、日那样依靠掠夺殖民地积累原始资本，而是主要依靠内部力量积累原始存量资本。

中国积累原始存量资本中的一个重要方面是走城市土地金融化之路，通过城市土地金融化完成了原始资本积累。这就是人们常说的房地产"土地金融"。政府垄断土地经营，把土地收归国有，然后实行"招、拍、挂"，卖给开发商进行房地产开发，再由开发商进行市场化营运。房地产"土地金融"给地方政府带来了土地财政，使许多地方政府在最近一二十年获得了巨大的财政收入。

在我国当前土地制度下，农村土地的所有权归集体所有，土地是不能用作抵押担保的。2014年，中共中央办公厅、国务院办公厅印发《关于引导农村土地经营权有序流转发展农业适度规模经营的意见》，从顶层设计的角度确立了农村土地"三权分置"的基本原则，2017年中央"一号文件"《中共中央、国务院关于深入推进农业供给侧结构性改革加快培育农业农村发展新动能的若干意见》首次把农村土地"两权分置"更改成"三权分置"，为盘活农村土地资产，进行农村土地金融创新奠定了制度基础。研究国外农村土地金融的经验不难发现，农村土地金融是农民以土地作为担保物或将土地抵押给金融机构作为偿还贷款的保证，在其未能按时履约时，金融机构有权行使土地的物权或将土地的物权执行处理，使其借给农民的款项得到优先清偿。因为土地属于长期性资产，位置固定，其价值随着土地供求不平衡而愈加凸显。在这种情况下，户田产则必须依托土地制度改革创新，对农村土地进行更精准的分类和某种形式的确权，只有这样户田产的优势才能发挥出来，把城市里的房地产"土地金融"引入乡村开发建设之中，把中国乡村目前价值极低或价值"僵死"的土地激活起来，采用金融赋能的方式,使之像城市房地产开发一样,把一部分土地金融化,从而使乡村的土地价值数倍、十数倍甚或数十倍地增长起来,在广大的乡村"点地成金",彻底改变那种"宁要城里一间房,不要乡里一处院"城乡土地价值差异巨大的现状。

城市金融化的路径就是房地产按揭贷款,通过按揭贷款把未来的现金流提前注入房地产的产权证之中。户田产也应是确权后进行按揭贷款、分期付款购买。通过户田产金融模式把未来收入的现金流提前变现,用于购买享有乡村里的户田产,使之成为中国未来最大的经济"资产池"和金融"蓄水池"。

通过新型集体经济与户田产综合开发实现农村部分土地金融化,在全国乡村构建统一的户田产大市场,将会是具有全局性的金融战略安排。其必要性体现在宏观、中观、微观三个层面:

从宏观层面上讲,户田产下的农地确权和农地金融是农村改革的重要组成部分,将会带来较大的经济效益和社会效益。开展农地金融是政府对农业进行宏观调控的手段,通过户田产促进农业的增产增收将有效推动现代农业和农村经济的发展。农村土地金融就是基于土地的资本化对农村土地资源进行合理配置,各级政府可以通过农村土地金融的额度、期限、利率等的调控实现政策目标。户田产新金融的出现,将引入大量城市新资金,盘活乡村旧有的存量资本,使我国乡村金融快速跃上一个新台阶、新层级。

从中观层面上讲,户田产下的农地确权和农村土地金融在优化农村土地资源配置、提高农业的效率与竞争力、提高农村经济在国民经济中的地位等方面发挥重要的作用。当前,大多数金融机构涉及农业的贷款以短期为主,且金额较小。在户田产之下实施农村土地金融之后,以"户田产"的资产作为担保物,金融机构就能够对"户田产家庭"发放中长期贷款,金额也会有显著提高,符合现代农业发展资金使用额度大、期限长的特点,能够有效推进农业生产经营活动多元化、体系化,为我国农业农村现代化提供有力的金融保障。

从微观层面上讲,户田产下的农地确权和农村土地金融使乡村融资渠道多元化,使农民增收成为一种可能。过去,农村土地的经济价值常淹没在土地的社会保障职能之下,但随着农村生产力和生产关系的转变,土地社会保障职能日益下降,仅依靠耕种只能解决农民的温饱问题,无法满足农民大幅度增加收入、提高生活水平的要求,这使农村土地的经济职能日益凸显。农村土地作为一种资产,通过土地金融可以解决农民"融资难"的问题,实现家庭资产与农业金融的结合,有效推进新兴产业的规模化发展的同时还能促进现代农业经营体系建设,有利于提高农民的收入水平和生活水平,以利于破解"农民收入低"难题。①

通过新型集体经济与户田产综合开发实现农村土地金融化,还具有两个战略价值:

一是利用金融"点地成金"的属性,掀起新型集体经济与户田产综合开发高潮。因户田产的第一本质特征和最大特点是"田"字,即人工造田,户田产的开发高潮直接就是人工造田高潮。利用"户田产越多耕地越多"的新规律,把全国的土地整治一遍,并由人工造田的方法创造出巨量的新耕地。

二是由于新型集体经济与户田产综合开发有异常广阔的空间和宏大的舞台,其所拥有的发展空间将比房地产至少高出一个数

① 朱英刚、王吉献:《国外及台湾地区土地金融研究与借鉴》,《农业发展与金融》2008 年第 11 期。

量级。由于金融货币具有乘数效应,将会把户田产高于房地产的一个金融数量级进一步放大,能量进一步释放。

户田产所打开的乡村土地金融化,会直接转化为所在地方的土地财政,一些土地和耕地宽裕的县市,乡村土地价格会不断上涨,伴随农业规模化和农业生产更有效率,有利于农产品商品化和农村土地的市场化,其地方财政将会由"负债型财政"转变为"富裕型财政"。当然,要有这样的转变还需要中央到地方的金融制度体系进行一定的调整。所有的经济改革,要优先考虑农民的利益,既是为了提高农民的权益,也是为了中国社会的进一步稳定发展。

## 四、全要素新设计(畅通城乡要素流动)

户田产,相较于房地产而言,具有畅通城乡要素流动的特征。

在新型集体经济与户田产综合体开发建设过程中,开发公司把现代城市生产生活中的新要素全部设计、全部融入乡村的户田产建造之中。各类社会保障及社会公共服务要素要能够达到城市水平,比如光纤宽带、5G 网络、光伏发电、新能源设备、艺术造型、污水处理、消防设施、冷链仓储、健身器械等属于现代城市中的新要素,要全部融入和体现在户田产的开发设计之中,以提升户田产的先进性和数字化水平,由此畅通城乡要素流动。

户田产畅通城乡要素流动的特征,本质上是一种全要素新设计,所以还体现在整体设计之中。一户一份的户田产只是一个大的户田产单元里的小单元,一个大的户田产单元要拥有幼儿园、小学、医院、银行、护理院、养老院、大型超市、购物中心、集贸市场、餐馆酒店、运动场、游乐场、公园、药店、美容店等公共设施,这些公共设施是现代城市里的基本设施,要带进户田产的开发设计之中,对整个综合体实行"全域规划、全域设计、全域整治",要有系统性思考和设计,实现新型集体经济与户田产综合体内土地的集约利用。

全要素新设计(畅通城乡要素流动),在本质上是以户田产为抓手的乡村大融合和大布局,通过全要素新设计实现乡村的新聚焦、新聚力、新聚神,在乡村打造新产业、新业态、新生态,实现乡村的"提质升格",从而一步到位地实现农业农村现代化,进而达到城乡一体化,实现城乡统一大市场下的诸要素自由流通和联动发展,城市与乡村形成统一的连续体,从根本上消除城乡差别。

### 五、内在驱动机制(内生原动力)

本书所设计的户田产,具有以下三种驱动力:

一是户田产具有生存所需的生物性驱动力。人的最基本生存所需是"衣、食、住",户田产能够解决每家每户最基本的"衣、食、住"的需求。

二是户田产能够把外在的生存压力转化成内在的驱动力。现在社会压力大,失业风险高,人们渴望有一个失业后的"避风港",户田产能够为失业以后提供生活保障,缓解外在压力。

三是户田产具有内心欲望或愿望所产生的内在驱动力。户田产是每家每户独有独享的一方田地,"一张白纸,没有负担,好写最新最美的文字,好画最新最美的画图",每家每户可以把自己的户田产亮化美化到极致,在这一方小天地里实现自己的想法,描绘自己的图景。

可以预期的是,户田产有类似商鞅变法一样的内在驱动机制与内生原动力,其对中国经济的动力引擎作用将不会输于房地产,甚至有可能会超过房地产。

## 六、新型共同富裕(以分产均产达共产共享)

### 1. 中国自古"不患寡而患不均"

中国自古以来崇尚"不患寡而患不均",忌讳两极分化。这一点从孔子在《论语·季氏篇》的一段话中可以看出。孔子曾经对其弟子冉有说:

> "丘也闻有国有家者,不患寡而患不均,不患贫而患不安。盖均无贫,和无寡,安无倾。夫如是,故远人不服,则修文德以来之。既来之,则安之。今由与求也,相夫子,远人不服而不能来也,邦分崩离析而不能守也,而谋动干戈于邦内。吾恐季孙之忧,不在颛臾,而在萧墙之内也。"①

孔子对弟子冉有的这段对话,是中国历史上一段非常著名的对话,这段话中"不患寡而患不均,不患贫而患不安"道出了中国人的价值取向和心理偏好。中国人对均等的追求和对两极分化的忌讳发自内心深处,中国人自古渴望那种"大道之行也,天下为公"的"大同社会",在"做大蛋糕"和"分好蛋糕"这两个问题上,中国人更偏向于"分好蛋糕"。蛋糕小一点不要紧,只要分好了蛋糕,大家没有意见和矛盾,社会就可以维持基本的和谐与平衡。

从夏商周三代的井田制,到唐代的均田制,再到太平天国的"天朝田亩制度",再到土地革命时期的"打土豪分田地";从王小

---

① 孔子及其弟子:《论语》,《季氏篇》第十六,《季氏将伐颛臾》。

波、李顺的"等贵贱,均贫富",到李自成的"均田免粮",再到洪秀全"有田同耕,有饭同食,有衣同穿,有钱同使,无处不均匀,无人不饱暖",中国社会一旦两极分化太严重,底层人民失去了基本的生活保障以后,就会造成社会动荡不安。正因为如此,中国历史上拥有世界上次数最多、规模最大的农民起义。中国共产党领导的土地革命战争在一定程度上也是农民被迫起义,是农民对残酷剥削和极端压迫的反抗。

### 2. 户田产的第六个本质特征是倡导新型共同富裕

户田产的第六个本质特征是倡导新型共同富裕。户田产有"定产、限产、均产、恒产"的特点和功能,故而本身就具有共同富裕的特质,发展户田产能够创造一种前所未有的新型共同富裕。

第一,发展户田产的目的,不是为了削弱乡村集体经济,走土地私有化之路,而是通过市场化运作壮大集体经济。一个大的新型集体经济与户田产综合单元,在设计之初就要拿出相当的土地比例(比如一半的土地)保留为集体土地,为村民所共有和公有,由村集体共同经营,由全体村民共享成果。

第二,户田产倡导的共同富裕体现在新型集体经济与户田产综合体开发建设过程中,村民以土地折算入股,变为股民和股东,村民以股民和股东身份参与到综合体开发过程中,享有分红的权利。在整个综合体开发过程中,村民没有被排除在新型集体经济与户田产综合体开发之外,新型集体经济与户田产综合体开发新增的土地收益,村民可以合理分享,因而发展户田产实质上是中央一再倡导的"三变改革"(资源变资产、资金变股金、农民变股东)的一种新形式。

第三,户田产倡导的共同富裕的一个重要体现是,从理论上讲,户田产新设想符合马克思所说的"个人所有制"。马克思认为资本主义股份公司对资本主义私人占有制具有扬弃和否定作用,在马克思看来,股份公司是否定资本主义经济制度的进步的经济组织形式,因而马克思提出在资本主义经济基础上"重新建立个人所有制"的历史命题。马克思指出:

> "从资本主义生产方式产生的资本主义占有方式,从而资本主义的私有制,是对个人的、以自己劳动为基础的私有制的第一个否定。但资本主义生产由于自然过程的必然性,造成了对自身的否定。这是否定的否定。这种否定不是重新建立私有制,而是在资本主义时代的成就的基础上,也就是说,在协作和对土地及靠劳动本身生产的生产资料的共同占有的基础上,重新建立个人所有制。"①

由于户田产内家庭成员是亲属关系,是天然的共产主义关系,没有尊卑高低,即家庭内部实行的是家庭共产主义制度,户田产的财产为家庭成员所共有,户田产的"户所有制"是以"户"的形式和"户"的单元体现了马克思所说的"个人所有制"。从户田产的角度看,整个中国就是一个国家股份制大公司,每一家户田产就是这个国家股份制大公司中的一个股东,户田产就是每个家庭所持有的股份,具有较彻底的"均衡"色彩,是社会主义市场经济体制下"均贫富,等贵贱"的一个重大举措。

第四,户田产倡导的家庭均衡占有土地和家庭拥有均衡户田产,是对中国古代的井田制、均田制、限田制、占田制的综合继承和

---

① 《资本论》(纪念版)第1卷,人民出版社2018年版,第874页。

综合扬弃,符合中国自古以来盛行的"耕者有其田"和孙中山先生"平均地权"的思想理念①,在社会主义市场经济体制下找到一个符合现代中国国情的新型共同富裕形式,定民于恒产,制民于均产,限民于占产。从短期和局部来看,每一份的户田产是家庭私有制,但由于最终可以让绝大多数家庭拥有一份户田产,从长期和整体来看,则可以用每家每户"分产均产"之手段达到天下所有家庭"共产共享"之目的,即天下人以人人有份、家家有份、户户有份的固定股份形式,共有共享天下之土地资源、土地资产,以分产均产之手段达共产共富之目的。

第五,通过发展户田产而形成的新型共同富裕,符合中国古人"不患寡而患不均"的社会理念。孟子早就提出了他自己心目中的"均贫富"和共同富裕图景:

> "五亩之宅,树之以桑,五十者可以衣帛矣;鸡豚狗彘之畜,无失其时,七十者可以食肉矣;百亩之田,勿夺其时,八口之家,可以无饥矣;谨庠序之教,申之以孝悌之义,颁白者不负戴于道路矣。老者衣帛食肉,黎民不饥不寒,然而不王者,未之有也。"②

孟子心目中的"五亩之宅"与户田产中的房产,"百亩之田"与户田产中的良田,何其相似！孟子心目中的"五亩之宅"和"百亩

---

① 中国自古有"耕者有其田"思想,其最早可追溯到战国时期孟子。在《孟子·梁惠王章句上》中提出"五亩之宅""百亩之田"的"民有恒产"思想和《孟子·滕文公上》中提出"八家共井,同养公田"的"井田制"思想皆已内含有"耕者有其田"思想成分,唐代的"均田制"、太平天国的"天朝田亩制"也内含有"耕者有其田"思想成分。孙中山先生将之明确提炼为"耕者有其田"并演化为后来国民党的"平均地权"口号。1946年,中国共产党在《关于清算减租及土地问题的指示》中将"减租减息"修改为"耕者有其田"。1949年《中国人民政治协商会议共同纲领》第二十七条明确规定"实现耕者有其田"。

② (战国)孟轲:《孟子》,卷一,《梁惠王上》(三),《寡人之于国也》;《梁惠王上》(七),《齐桓晋文之事》。

之田"就是他那个时代田产均等下共同富裕的理想图景。在户田产制度设定下,天下之田归天下家庭所共有,均占而不多占,都有而不多有,"人有我亦有,我有人亦有",避免两极分化,消除贫富对立。这正是古人向往的"大道之行也,天下为公"的理想境界。

### 3. 户田产新型共同富裕伴随数亿家庭发展

户田产是一种有地有房的农业资源型资产,是未来一些家庭的标配资产。可以预期的是,在大力发展户田产的未来,中国千万户家庭将享有乡下的户田产,若一代又一代地把户田产发展下去,再加上国家对购买户田产家庭的财政扶持,将会有上亿户的家庭拥有户田产。现在国家的生育政策是"三孩"政策,一对夫妇可以生三个孩子,就按照一对夫妇生育两个孩子,照养两个老人,一个家庭六口人计算,有1亿户的户田产家庭,就有6亿人口能享有户田产,成为有农业型固定资产的富裕家庭。

因此,户田产是孵化器,一旦一个家庭拥有了户田产资产,就得到了具有财富标志物性质的重型资产的加持,将有利于突破"中等收入陷阱"而进入高收入行列和发达国家行列。

# 第三章 户田产必要性与可行性论证

## 第一节 户田产必要性论证

户田产是一个新概念,一个现实性的问题就自然地呈现出来:户田产有没有尝试和付诸实践的必要,或者户田产的现实必要性如何?中国下一步发展经济,有没有必要发展"户田产",并将之打造成一个新兴产业?这个问题不好回答,因为我们无法准确预判。

回望人类历史,人类哪一项伟大创举、伟大工程、伟大事业,不是事先有理论上的设想和预判,再付诸实践,最后转化为现实的呢?无论是古代中国的万里长城、大运河、都江堰、灵渠,还是新中国的两弹一星、三峡大坝、青藏铁路、南水北调、航空母舰,以及国外诸如法国的苏伊士运河、美国的伊利运河和巴拿马运河、美国的太平洋铁路、美国的曼哈顿原子弹计划、美国的阿波罗登月计划以及美国的计算机、芯片、软件等,都是预先理论上有所创设,在结果上有所预判,在先进的理论指导下,通过把理论付诸实践,再经过实践转变为现实。具体到本书,户田产虽小,但可以抛砖引玉,事关每一个家庭,牵动中国下一步经济发展,对全面推进乡村振兴战略有现实价值。

### 一、向现代农业转型和发展生态农业的需要

人类的农业经历了一个不断向上升级的历史过程,由远古发明农业初期的原始农业阶段升级到古代手工发展的自给自足的家庭小农业阶段,再升级到近代以来机械化、化学化的市场化资本主义大农业阶段,现今正在进入新时代生态化的定制农业和生态农业阶段。

(1)原始农业阶段。农业发明初期,告别了人类最初的采集渔猎生产方式,有种植而无灌溉系统,纯粹靠天收,从传说中一万年前的神农发明农业到杭州四五千年前的良渚农业。

(2)自给自足的家庭小农业阶段。以体力劳动为主,家庭小农业与家庭手工业紧密结合,有农田灌溉系统,出现诸如都江堰、郑国渠之类的水利工程。粮食生产主要用于家庭内部的自产自销,生产者与消费者统一在一起,从春秋战国直到1840年鸦片战争前。

(3)市场化资本主义大农业阶段。建立在工业化基础上的机械化、化学化的大农业,其表现形式是动辄几千亩、上万亩甚至几万亩的大农场,以美国的大农场为典型代表。生产者不消费,消费者不生产,产销分离,以资本性营利为目的。

(4)定制农业和生态农业阶段。土壤改良、零农残、CPS技术、数字技术、互联网技术、物联网技术、快递和冷链、绿色、环保、有机,无任何污染,无任何毒副作用,技术和服务则完全现代化。

全面振兴乡村,农业必须进行转型升级。也就是说,必须对土壤进行治理和改良,必须逐步实现农产品零污染,必须让食物达到绿色、环保、有机,必须消除环境污染,必须去除食品对人体的毒副作用。

按照前面设计的户田产基本框架,户田产开发所遵循的首要原则就是生态经济、生态农业、生态文明。户田产由于掌控了种子的源头、种植的过程,能够直接保证食品的生态环保属性,而食品生态化是定制农业和生态农业阶段的重要参考指标。所以,户田产有可能成为直达定制农业和生态农业阶段的高速直通车。

### 二、为9亿劳动力就业开辟新路径的需要

中国是世界大国,如何解决就业问题,成为国家和民众思考的重点问题。其实按照我国经济发展进程,这些问题已经得到一定程度的解决,重在自我把握就业方向,这是一个需要长时间学习的课题。中国改革开放四十多年,从重工业经济发展,逐渐转变为轻工业、科技工业发展阶段,在这转变的过程中,已经在源源不断地创造就业岗位。然而,中国可支配劳动力有9亿人,确保就业问题是国家大事,更是每一个家庭的头等大事,只有顺利实现就业,才能让每一个家庭,都有经济来源和收入保障。

人工智能可以取代简单劳动、重复劳动、危险劳动、标准化劳动和远程控制劳动。其中,简单劳动包括重复性劳动、非知识型劳动和标准化劳动;复杂劳动包括创新性劳动、知识型劳动和非标准劳动。人工智能机器人可以代替很多人类现有的工作,将会渗透到人类生产和生活的各个领域,大大挤占现有的劳动人手。

目前我国人工智能已经在制造业、交通业、金融业、服务业、医

疗业、商业、安防业等诸多领域得到运用和铺展。未来那些繁重的、重复的、非创造性的工作都将可能被人工智能所取代。银行业务员、电话客服员、建筑工人、仓库管理员、收银员、销售员、清洁工、快递员、司机、保姆等工种，都将有可能被人工智能挤占，从而面临失业风险。

据教育部公布数据，2022 年全国高校毕业生 1076 万人，比 2021 年增加了 167 万人；全国中等职业教育毕业生数 487 万人；二者相加 1563 万人。如此庞大的就业人数同时涌向就业市场，将导致就业困难。

按照西方国家 16 岁至 65 岁劳动年龄人口计算，我国劳动年龄人口 9.65 亿人，比全球 36 个发达国家人口总和 9.385 亿人还要多出 0.265 亿人。中华人民共和国中央人民政府网站在《2021 年人社统计公报发布　全国就业人员 7.465 亿人》一文中公布，截至 2021 年年末全国就业人员 74652 万人，其中城镇就业人员 46773 万人。这就是说，中国真正满时就业的人口就是城镇就业的 46773 万人，因为中国乡村的农民一年中至少三分之二以上的时间处于无活可干的状态，用农民自己的话说是"两个月过年，一个月种田，剩下九个月在休闲"，按照这种说法，乡村农民一年 12 个月只干了 1 个月的活，剩下 11 个月无活可干，不属于满时就业，实际上处于大半失业状态。仅就城镇就业量 46773 万人来看，按照西方的劳动年龄人口的标准计算，46773 万就业人口在中国 9.65 亿劳动年龄人口中占比不足一半。

中国农民工总量近 3 亿人，受疫情影响，这两年返乡的农民工很多，有说 3000 万人，有说 5000 万人，相关部门并没有公布准确数据，但总量一定不少。返乡的农民工中很大一部分与房地产业有关,中国城市的房地产已经到了天花板,因为城市基建完成度已经比较高,不仅吸纳不了大量的农民工,而且在不断减少用工,但这类工人很难在短时间内跳到别的行业,尤其是技术含量极高的科技创新领域。所以,要帮助农民工再就业,短期内也只能让他们再从事熟悉的工种,如种地和基建。

目前,走进中国乡村,到处可见三五成群无法外出打工就业的青壮年,聚集一起打扑克、打麻将。在中国,农民工的失业不叫失业,农民无事可干不叫失业,失地农民无事干不叫失业,这都不在失业的登记范围之内。但实际上,农民的失业属于隐性失业,土地掩盖了失业的真相。

按照现在中国一家一户的小农业,中国农民的劳动能力被严重地闲置,无地可种。现代中国农民就只有"双抢"那段时间比较忙。以往耗费时间的田间除草,被除草剂轻松解决;以往用牛耕田,效率低,费时费力,异常辛苦,现在被专业拖拉机户代替;以往手工收割,现在被大型收割机代替。唯独许多地方手工插秧,比较费时费力,这也是因为中国在创新驱动发展上的不足,自主生产的机器插秧设备比日本进口的品牌要差得多。

中国许多地区的农民,一年干活的时间不足半个月时间,主要是撒化肥、打农药,其余基本都交给了机械化、化学化。中国农民的劳动能力和劳动潜力实际上因没有活干,被闲置了90%以上,被严重地浪费着。无事可干,已经堵死了中国农民勤劳致富的路子。

为什么中国农民无事可干呢?

一则中国人多地少,像浙江省"七山一水二分田",改革开放前,人均七分地,不足一亩地,改革开放后市场化、工业化、城镇化占用大量耕地,许多地方已经完全无地可耕。

中国人多地少的状况,被许多人严重忽略。中国人口是美国人口的4.28倍,但耕地总量只有美国耕地总量的36%(中国20亿亩,美国56亿亩)。中国人均耕地1.3亩,不足美国的1/8、俄国的1/9、加拿大的1/24,与人口稠密、人口严重过剩的印度相比,中国人均土地1.3亩比印度人均土地2.4亩要少1亩多地。

二则传统农业的手工劳动已经被工业化、机械化、化学化所代替,用手的时间和地方已经很少,自然处于无事可干的状态。"面朝黄土背朝天""锄禾日当午,汗滴禾下土",这种辛苦劳作场景已经消失。两千年以前西汉庐江太守桓宽在《盐铁论》中所说的"民耜耒而耕,负担而行,劳疲而无功,是以百姓贫苦,而衣食不足"①的情况已经不复存在。在中国广大农村,稀缺的不是劳动人手,稀缺的是可让劳动人手去干的活。

1894年,孙中山先生上书李鸿章,提出"人尽其才,地尽其利,物尽其用,货畅其流"的主张(当然遭到李鸿章的冷遇,没有予以回复),现在的中国就面临当年孙中山先生所提出的"人尽其才,地尽其利"问题,数亿劳动力无活干,大量乡村土地被撂荒抛荒,人不能尽其才,地不能尽其利。这是当下中国乡村的现实,我们必须认真面对并深度思考,想方设法寻找一种有效的应对之策。

户田产,借助社会主义市场经济,以新型经济助力就业,但仍然需要加大力度培养"新型职业"就业人才,让越来越多人,逐渐分流到新兴经济发展当中,解决根本的"就业"难题;以新创业形式的新型就业,将逐渐推动经济高速发展,形成以点带面的作用。

---

① (西汉)桓宽:《盐铁论》,卷三,《未通》第十五。

当前,中国人口红利不再成为最大优势,这倒逼我国要加快改革创新,艰苦奋斗形成突破。

对普通百姓而言,饭碗问题是生存的最大问题,没有饭碗,自己和家人无法生存,无法上养老人,下育婴幼。饭碗问题就是工作岗位问题,有活干才能养家糊口,解决最基本的生存问题。

户田产与互联网、物联网、5G 通信技术、区块链技术、元宇宙技术相结合,居家远程办公和远程就业,会创造出数以百万计、千万计的灵活就业岗位。在户田产下,乡村不再只是农业一项产业,因户田产下乡村成为生产之地、生活之地、宜居之地、休闲之地、养生之地和教育之地,将变成百业兴旺之地。

### 三、为人口均衡发展寻找新方法的需要

#### 1. 少子老龄化:中国新出现的人口难题

在生育意愿降低、出生率低少的情况下,老年人寿命又大大延长,人口老龄化快速发展,形成少子化与老龄化"双重夹击"的结构性人口发展态势,这种结构性人口发展态势被学术界称为"少子老龄化"。

少子老龄化是市场化、工业化、城市化条件下人口发展的必然结果。日本、韩国等都因市场化、工业化、城市化快速发展并处于较高水平,相继进入了少子老龄化阶段,我国在市场化、工业化、城市化裹挟下,亦快速步入少子老龄化阶段。

我国 60 岁及以上的老年人到 2035 年将达到 4 亿人,超过美国、加拿大、澳大利亚三国人口的总和。据有关预测,到 2050 年,我国临终无子女在身边的老年人有可能达到 7900 万左右,空巢老

人和独居老人在老年人中的人口占比将有可能上升至 54%，超过老年人的一半。据上海第七次人口普查结果显示：上海人口总户数 964 万户，每户平均人口只有 2.32 人。为什么每户平均人口如此之低，是因为上海无子女的丁克家庭已经占据了上海家庭总数的 12.4%，达到百万户之多。

北京、上海、广州、深圳这样的一线特大城市，房价太高以至于年轻人购房难，婚育基础条件不具备，甚至连老年人的殡葬费已经达到"死不起"的程度。大学毕业即失业，即使找到工作，低薪水与高房价不成正比，很多年轻人只能做群居。如此生存条件，养活自己都成问题，年轻人如何敢生儿育女。

### 2. 中国古代人口数量最多和人口增殖快的原因之一

中国自古以来是世界上人口最多的国家。在一家一户的小农业下，除了食物自给自足以外，还需要劳动力自给自足，谁家不生孩子，田就没有劳动力，谁家的劳动力就无法得到满足，并且有无法延续后代的危险。要想"养儿防老"，要想延续后代，必须有耕田犁地的劳动力，为此就必须生孩子。没有孩子，一切无从谈起。因此，在一家一户的小农业下，"早得贵子，多得贵子"，成为人生的第一大使命。这也是中国古代人口快速增殖的原因之一。

### 3. 户田产解决家庭人口生产的后顾之忧

户田产若恢复到古代一家一户的小农业，为了血脉延续和户田产后继有人，将产生生育的积极性。最重要的是，在户田产内，能够生产出足够的粮食供养新生和新增的家庭人口。户田产还能给家庭人口提供足够的居所,使生养孩子的成本小,没有经济压力。孩子长大以后,有工作岗位就去就业,没有工作岗位就在自家的户田产内种田过日子,可以解决生存问题,其实也是农民工返乡的现状。所以,不害怕孩子长大以后无法谋生。户田产解决了生孩子的后顾之忧,拥有户田产的家庭自然敢生、多生孩子。户田产本身就是生儿育女的基地,每一个家庭,只要有了户田产,就解决了本人和子孙后代的最基本的生存问题。

另外,户田产是祖孙三代同居一堂的好住所,是老年人享受天伦之乐的理想家园,老年人在户田产之中可以得到很好的养老,"早生贵子,四世同堂"的概念可以得到部分恢复。因此,户田产有利于促进我国人口长期均衡发展。在缓解我国少子老龄化的人口压力方面,更是可以预期和乐观的。

### 四、应对未来疫情和生物战,防范未来生化危机的需要

由有毒生物源对人体或环境造成的生物危害,被称为"生化危机"(Biohazard),一般具有突发性、高致病率和高死亡率。生化危机包括:(1)突发的致命传染病;(2)由热核战争产生的城市生态环境不宜居;(3)国家间针对人的细菌战、病毒战、基因战;(4)国家间针对农业的种子战、作物战、转基因战;(5)国家间针对牧业的家禽瘟疫战、牲畜瘟疫战。

#### 1. 国际生物战以及针对中国的生物战

第一次世界大战期间,德国军队即已正式使用生物武器,发动了生物战。

1915 年,德国间谍把在美国港口等待装运到协约国的牛马,

接种鼻疽和炭疽杆菌,向协约国发动生物战。

1917 年,德国人在美索不达米亚用同样手段使协约国购买的 4500 匹骡子感染鼻疽,向协约国发动生物战。

1932—1933 年,侵占中国东北的日本侵略军秘密地建立了细菌战实验室和大规模生产生物武器的工厂。1936 年,在哈尔滨组建生物战特种部队 731 部队,大规模研制和生产用于生物战的细菌武器。1940—1944 年,日本侵略军多次在中国浙江省的宁波、湖南省的常德共 11 个县市,用飞机投撒带有鼠疫杆菌的跳蚤,造成当地鼠疫流行,先后导致 1000 多人因发病而死亡。

美军与一些欧洲国家也曾研制过生物武器。美军在侵朝战争中,对朝鲜北部和中国东北地区使用细菌武器共达数百次,用飞机投掷老鼠、跳蚤、蚊子、苍蝇、小动物等,散布鼠疫杆菌、霍乱弧菌、炭疽杆菌、伤寒杆菌,在中国东北和朝鲜一度引起鼠疫、霍乱,幸被中朝有效遏制,没能大规模暴发。

1971 年 12 月 16 日联合国大会制定和通过了《禁止细菌(生物)及毒素武器的发展、生产及储存以及销毁这类武器的公约》(以下简称《禁止生物武器公约》),中国政府于 1984 年 11 月 15 日加入该公约。但到目前为止,美国仍然没有加入该公约。

美国对联合国禁止生化武器公约持坚决的反对态度,一再动用其在联合国投票中的否决权,否决联合国对其生物实验室的检查。2022 年 12 月 16 日,在被誉为"国际会议之都"的瑞士日内瓦联合国以 182∶1 的结果高票通过了《禁止生物武器公约》,其中有建立生物武器核查机制的条款,美国是全球唯一一个反对建立生物武器核查机制的国家,目的就是为其研制生物武器不受《禁止生物武器公约》的限制,以便放手研究其超级生物武器,企图利用其生物武器打击其想要打击的任何国家,以维护美国在全球的霸权。

美国在全球 30 个国家设置了 336 个生物实验室,主要目的是研究生物武器。据悉除了在海外别的国家设立生物研究所外,美国在国内还有 1000 多个科研院所设立生物研究所或生物研究室。人类已经进入了现代生物战时代,生物战的危险和威胁已经客观存在,成为不争的事实。美国在生物战方面拥有先进的绝对优势,对任何一个国家的生物武器打击都将是降维打击,被打击的国家没有任何还手之力,只能寄希望于有效的防守和防御。

人类现有的武器库中,被人们忽视的是生物武器。生物战是一种非对称战争,没有纳什均衡所说的策略均衡点(博弈均衡点)。

**2. 户田产是积极应对未来生物战的可行举措**

生物战是一种无从知敌的暗战,敌人躲在暗处放毒,最让人疏于防范,不知道什么时候敌方发明了一个恶性病毒,向毫无准备的己方释放,己方因无力抵抗而有可能被毁灭。所以,生物战是一种降维打击战争,只有那些早做战略布局和战略准备,为打生物战"早已森严壁垒"的民族,才有可能躲过生物战的大劫难,成为生物战的幸存者。

在这种生物战日愈迫近的情形下,中国必须提早做好打生物战的防御准备,防患于未然。

"大疫止于乡野",小战避于城,大战避于乡。为了有效应对生物战,有必要在中国广大的乡村建立一个个具有封闭功能和疏散功能的户田产,一个户田产就是一方生物战隔离区、一个生物战堡垒。战时主动封闭户田产社区,每户家庭也关门闭户,杜绝对外交往,因为有足够的物理空间,因此可有效应对生物战;和平时开放户田产,打开门户,正常与外面交往,以参与城乡经济要素"双向循环"和国内经济大循环。

### 五、践行新时代新发展理念的需要

理念是行动的先导,发展理念是一个国家战略性、纲领性、引领性的思想意识。一个国家的发展理念可以决定一个国家的发展前途、发展格局,对其国家的前途命运有巨大的影响。

2015 年 10 月 29 日,党的十八届五中全会确立了"创新、协调、绿色、开放、共享"的新发展理念。对此新发展理念,习近平总书记指出:"创新发展注重的是解决发展动力问题""协调发展注重的是解决发展不平衡问题""绿色发展注重的是解决人与自然和谐问题""开放发展注重的是解决发展内外联动问题""共享发展注重的是解决社会公平正义问题"。[1]

践行"创新、协调、绿色、开放、共享"新发展理念,特别需要借助户田产的杠杆力量和综合集成功能,大力推进农业农村现代化。

第一,党中央把"创新"放在首位,是因为创新是我国新时代经济发展的动力源之一,对我国下一阶段的经济新增长具有支撑作用,对高质量发展具有引擎作用。在工业化、城市化一路高歌的今天,农业农村现代化是最缺乏动力、最需要创新驱动的地域。

长期的"单向流动"和"净输出",把广大乡村的人口、人才、资金单向虹吸进城市,广大乡村缺乏"造血"机制。户田产作为一种

---

[1] 《习近平谈治国理政》第二卷,外文出版社 2017 年版,第 198—199 页。

农业创新的重大举措,从多层面对我国现有的一家一户低层次农业经营方式进行了全方位创新和全要素新设计,引入了现代城市生活方式新元素和高科技新元素,有利于把以往的"旧三农"升级改造成未来的"新三农"。

乡村的地域面积远超城市,乡村的生产力要素分散而不集中,创新难度远远超过城市,要全面振兴乡村,乡村比城市需要更强大的创新驱动力。户田产本身是通过创新而产生的新事物,其着眼点、立足点从一开始就是创新,属于创新驱动,完全符合习近平总书记把"创新"放在新发展理念首位的要求。

第二,党中央提出"协调"发展理念,放在仅次于"创新"的第二位,着重强调"协调"对于解决我国发展不平衡问题的重要意义。我国最大的不平衡是二元结构下城乡发展不平衡,现代市场经济的各种生产要素可以在城市里自由流通,但在乡村里不可以自由流通。乡村的房屋、宅基地、耕地等均不能作为市场经济生产要素在市场上自由流通,对加快建设全国统一大市场是极大的限制。

破除二元结构下城乡发展不平衡的前提条件就是中央提出的城乡一体化的统一大市场,让乡村的各种生产要素也可以像城市一样自由流通。户田产通过畅通城乡要素流动,并加以创新设计,打破乡村原有的不符合社会主义市场经济原则的壁垒,对破除城乡二元结构和解决城乡发展不平衡问题是一味"新药""重药",符合新发展理念中的"协调"发展理念。

第三,党中央第一次提出"绿色"理念,"绿色"理念对我国下一个阶段绿色 GDP 的创造和生产尤显重要。这是因为农业是百业中的最大绿色产业,中国下一个阶段的经济发展是否是绿色发展,关键在于能否把具有严重污染作用的化学农业转型升级为没有任何污染的生态农业,把当下农业生产中大量和超量使用的除草剂、农药以及化肥的情形予以彻底改变。

"绿水青山就是金山银山"的理念已深入人心,打好蓝天、碧水、净土保卫战和污染防治攻坚战,力争 2030 年前实现碳达峰、2060 年前实现碳中和,这些都呼唤一种新的生产方式,而户田产就是我们建设生态经济、生态农业、生态文明所迫切需要的一种新的生产方式。因为户田产是一种自种自食、自产自销、自给自足的生产方式,天生具有内在的、内生的绿色发展驱动力,是一种发展绿色农业、具有返古开新特点的自然生产方式。

第四,党中央提出"开放"理念,看似与户田产无关,实则不然。把"开放"理解为对外开放,这是正确的,但是"开放"也可以理解为对内开放,为了稳定大局,我国农业农村一直没有对城市和市民开放,也没有对外国资本开放,这正是党中央把控全国大局的高明和智慧所在。

"全国统一大市场"新概念、新理念的提出,表明党中央作出了农业农村对城市和市民开放的战略决策。乡村振兴战略的题中应有之义就是农业农村的有序开放。2020 年 1 月 1 日开始实施的新《土地法》,农村集体建设用地可直接入市,就是农业农村有序开放的一个重要举措。

户田产就是要打破城乡二元结构,就是要带动城市资本"上山下乡",引导城市市民"上山下乡"。其结果必然是农业农村对城市和市民的开放。因此,践行新发展理念中的"开放"理念,需要户田产这样的创新生产方式。

第五,党中央提出"共享"理念,与户田产的"共享"理念完全一致。"共享"理念是户田产开发过程中始终遵循的一个理念,户田产所具有的"定产、限产、均产、恒产"功能,本身就是一种新型共同富裕新路径,具有让全体村民"一个都不落下"共享全面振兴乡村发展成果的特殊作用。要想在乡村振兴中践行"共享"发展理念,需要借助户田产的推动力和杠杆作用。

### 六、全面推进乡村振兴战略的需要

党的十九届五中全会指出,把解决好"三农"问题作为全党工作重中之重,走中国特色社会主义乡村振兴道路,全面实施乡村振兴战略,强化以工补农、以城带乡,推动形成工农互促、城乡互补、协调发展、共同繁荣的新型工农城乡关系,"广泛形成绿色生产生活方式","农村生产生活方式绿色转型",加快农业农村现代化。

2021 年 2 月 21 日中国第十八个指导"三农"工作的中央一号文件《中共中央、国务院关于全面推进乡村振兴加快农业农村现代化的意见》发布,文件指出,民族要复兴,乡村必振兴,要坚持把解决好"三农"问题作为"全党工作重中之重",把全面推进乡村振兴作为实现中华民族伟大复兴的一项重大任务,举全党全社会之力加快农业农村现代化,让广大农民过上更加美好的生活。

城乡发展不平衡、农村发展不充分的问题一直存在。我国的现代化是人口规模巨大的现代化,是全体人民共同富裕的现代化,是物质文明和精神文明相协调的现代化,是人与自然和谐共生的现代化,是走和平发展道路的现代化。所有这些现代化都离不开农业农村的现代化。

切实解决我国城乡发展不平衡和农村发展不充分的主要矛盾,全面推进乡村振兴,这是党中央确定的战略目标,要实现这一战略目标,需要调动一切可以调动的力量,利用一切可以利用的因素,其中户田产作为一种新的力量、新的因素建议纳入乡村振兴战略布局之中,使其发挥应有的作用。

户田产作为一种新的生态农业生产方式,把现代城市所拥有的生活服务要素和先进理念带到乡村,畅通城乡要素流动,进行顶层设计和全要素新设计,通盘考虑,通盘布局,整体设计,整体推进,一步到位地实现乡村生态化、城市化、现代化。因此,户田产可以作为全面振兴乡村的一个得力抓手予以试点、试验。待试点、试验成功之后再予以大力推广,逐步把户田产发展成为我国现代经济体系中的一个新兴产业、新兴业态和新兴生态。

## 第二节　户田产可行性论证

前文阐述了户田产在中国具有付诸实践的必要性,因此,可通过试点对户田产新概念予以现实可行性论证。

本书认为,户田产在中国的实践和发展是可行的,因为:

(1)户田产符合农业生产固有的特性。

(2)户田产符合我国几千年集约化小农业生产的特点。

(3)户田产日常生产就近便捷,是生存实效高的生产方式。

(4)户田产符合中国人喜欢"单干"的心理偏好,内含符合人的本性的内生驱动力。

(5)新《土地管理法》允许农村集体经营性建设用地入市,为新型集体经济与户田产综合开发提供了土地方面的法律依据和发展趋势。

（6）新型集体经济与户田产综合开发有足够的产业链配套、资本投入和劳动力供应。

### 一、户田产符合农业生产固有的特性

各种动植物的生长具有自然而然、自动生产的自然生产特点，同时也具有天然的、本然的生态生产特点。农业生产是在动植物自然生产和生态生产的基础上介入人类主观创造而产生的一种生产方式，自然界所具有的自然生产和生态生产是人类生产的基础。农业生产主要有以下七个特性：

（1）自然性。农业生产的自然性可以从两个方面看出：

一是农业生产中最基本的两个生产要素土壤和气候是自然要素，由大自然决定，直接决定了农业生产的收入和效益。

二是农业生产过程主要是一个自然生产过程，农作物的生产过程属于生物自动化生产，土长稻麦，树长果实，由自然界的阳光雨露、土壤温度为植物生长提供生长条件，不需要借助人力或其他外部力量。生物自然生长过程，属于无为自化，即老子所谓"万物作焉而不辞，生而不有，为而不恃，功成而弗居"[1]，生物生长实现了自身的生产自动化，这是大自然的天然禀赋。

（2）生物性。农业生产的生物性指农作物生产的过程和结果都具有生物性的特点，农业生产的产品是生物品，具有生命活力，其有机成分容易腐烂，保存难度大，并且体积大，保鲜条件要求高，

---

[1] （春秋末）老子（李耳）：《道德经》（《老子》），第二章。

保鲜时间不长。

（3）缓慢性。农业生产的缓慢性指农业生产不像工业生产那样以分秒为时间单位进行快速生产，更不可能像金融高频交易那样以毫秒为单位完成一笔交易，农业生产从耕田开始，下种、出苗、栽培、生长、成熟、收获，有一个漫长的过程，一般的周期为几个月甚至半年时间。

（4）季节性。农业生产的季节性指农业生产随着春夏秋冬的季节变化而变化，一般规律是春生、夏长、秋收、冬藏。尤其是蔬菜，生产时间比较短，其季节性更强，有时令蔬菜之称。

（5）分散性。农业生产的分散性是由农业生产的自然性、生物性、缓慢性、季节性所共同决定的，农业生产不能像工业生产和电子商务那样集中在狭小的空间进行，只能在广袤的大地上分开、分散地进行。自古以来，世界上绝大多数地区的农业生产以家庭为单位在空间地域上分开、分散地进行，就是由于农业生产的分散性特点所决定的。

（6）指数增长性。农业生产的指数增长性指农业生产的收获具有指数增长特性，"春种一粒粟，秋收万颗子"。正因为农业生产具有指数增长特性，农民才会努力耕耘，"一分耕耘，一分收获"。

（7）周期循环性。农业生产的周期循环性指农业生产中收获的果实可以作为种子从事新一轮的农业生产，农业生产可以反复重复，周而复始，无穷无尽。

本书所探研的户田产就符合以上农业生产固有的七个特性。

首先，户田产强调人工造田，每家每户一代又一代地改良自家庭院内的"田"，使户田产里"田"的土壤不断优质化，这一点符合农业生产的自然性，利用自然的农家肥改造土壤结构，通过土壤肥力的不断提高，把户田产内的一方小天地、小自然改造成良田沃土。

其次，户田产符合农业的分散性特点。每家每户关起大门，在自家院子里分开、分散地经营，不仅与现行的家庭联产承包责任制不矛盾，而且是完全相一致的。这种每家每户分散经营尤其符合中国人喜欢"单干"的心理偏好特点。

再次，户田产对于农业生产的生物性、缓慢性、季节性、分散性恰好给予很好的利用，主要就在家门口生产，就近就便，减少住房与田间往返路途的时间浪费和精力消耗，有助于就近看护和管理，做到精细化、集约化生产。

最后，户田产利用农作物的指数增长特性和周期循环特性，利用现代农业优良品种的高产稳产，可以养老育幼，生养子孙后代，促进人口长期可持续均衡发展。

总之，户田产完全符合农业生产固有的七个特性，尤其符合农业生产的分散特性。一家一户，拥有一份田产，世世代代守其田，耕其地，乐其业，维其生。亲躬于田园稼穑，悠闲于宅院作息，"看庭前花开花落，任天上云卷云舒"。养活其家口，惠及其子孙，让其家庭家族血脉得以永久延续和传承，"子子孙孙无穷尽也"。

## 二、户田产符合我国千年来集约化小农业生产特点

精耕细作的集约化小农业是中国传统农业的主要特征，也是中国古代农业长期居于世界领先地位的关键因素。

"集约"是相对于"粗放"而言的，集约化指在单位面积内投入较多的生产资料和劳动量，进行精耕细作，以提高单位面积粮食产量，进而增加粮食总产量，提高养活人口的能力，这种农业经营方式被称为集约化农业。中国古代封建社会的集约化农业是一家一

户的小规模经营的农业,土地规模极为有限和狭小,往往不过十亩左右,故而被称为"集约化小农业"。

我国传统的集约化小农业属于"高投入高产出"农业生产方式,在生产过程中穷尽一切办法提高单产量。提高单产量的办法主要有:提高土壤疏松度和肥沃度;优选农作物种子;翻耕土地令其疏松保湿;对农作物浇水或灌溉;施肥、除草、除虫;等等。其中投入的人力远远大于欧、美、俄的粗放经营和规模经营,是一种精耕细作的农业生产方式。

集约化小农业是我国古代劳动人民在人多地少、人地矛盾突出、自然环境极为不利的条件下,为了提高单位面积养活人口的能力而创造出的一种行之有效的农业生产方式,体现了我国古代劳动人民的勤劳和智慧,是我国古代长期雄踞世界大国文明巅峰的经济基础。

我国传统的集约化小农业被学术界称为"自然经济"或"小农经济"或"自耕农经济",主要具有以下六个特点:

(1)自然性,以自然生产力为主的自然经济。

(2)分散性,以家庭为单位分散经营。

(3)封闭性,一夫一妻小农业和家庭手工业紧密结合,形成自我生存和自我延续的内循环"闭环",无须外力外援。

(4)自足性,生产目的是自给自足和缴纳地租。

(5)多育性,反哺式家庭养老,家庭追求多子多孙,偏好生育男孩以实现劳动力的维持和延续。

(6)超稳定性,物质生产自给自足和劳动力生产自给自足相统一,形成家庭内部物质生产和人口生产"两大生产"的完全自给自足,达到一种"日出而作,日入而息。凿井而饮,耕田而食。帝力于我何有哉！"①的境界。

以上我国传统的集约化小农业所具有的六个主要特点，既有优势的一面又有劣势的一面，不能一概而论，应予以辩证分析，但从总体看和从大时空看，我国传统的集约化小农业具有顽强生命力，表现出巨大的优越性和可借鉴性。

工业化的各种社会病症是市场化、工业化、城市化发展中所不得已产生的，若继续依靠市场化、工业化、城市化自身来解决和消除这些社会病症，难度很大。解决方法恰恰需要反其道而行之的逆市场化、逆工业化、逆城市化，以便对冲、稀释和缓解其负面作用。

户田产具有逆市场化、逆工业化、逆城市化的特殊功能，在充分继承我国传统的集约化小农业优势的同时，又充分利用市场化、工业化、城市化的最新成果，把传统小农业与现代大工业结合在一起、对接在一起，以实现取长补短、优势互补。

### 三、户田产日常生产高效便捷

公元前 350 年，商鞅为了打击秦国贵族强制推行分家制度，规定"民有二男而不分异者倍其赋"②，商鞅强制分家的结果是"秦人有子，家富子壮则出分，家贫子壮则出赘"③。秦始皇统一中国后，

---

① （西晋）皇甫谧：《帝王世纪·击壤歌》，亦见东汉王充《论衡·感虚篇》。金观涛、刘青峰在《兴盛与危机——论中国封建社会的超稳定结构》一书中主要论证了中国封建社会的超稳定结构，金观涛、刘青峰所说的超稳定结构指中国封建社会自给自足的小农经济的超稳定结构，但建立在小农经济基础上的上层建筑则是极不稳定的，呈现出治乱兴衰、王朝更替的周期循环和分合不定的周期变动。参阅金观涛、刘青峰著：《兴盛与危机——论中国封建社会的超稳定结构》，湖南人民出版社 1984 年版。

② （西汉）司马迁：《史记》，卷六十八，《商君列传》。

③ （西汉）贾谊：《新书》，卷三，《时变篇》。

把秦国的分家制度推向全国,诸子分割家产在社会实践中从最初的长子多分逐步发展成诸子均分,到了唐代,诸子均分已经以法律形式被固定下来。《唐律·户令·应分条》规定"诸应分田宅及财务者,兄弟均分……兄弟俱亡,则诸子均分"。宋代承继唐律,也实行诸子均分制度,宋人袁采在《袁氏世范·睦亲》中对为什么实行诸子均分给予了解释。袁采认为,主要是为了防止因分家不均导致兄弟不和,以致削弱家族内部的整体力量。

中国古代诸子均分的分家制度与中世纪欧洲的长子继承制度相比较,二者在结构功能、机制机理、运行轨迹、发展方向等各个方面都大相径庭,二者各有优点和缺陷,是决定中西方不同社会结构、不同社会功能、不同社会制度以及不同运行规律的基础性制度,对东西方不同文明形态具有决定性意义。

诸子均分的分家制度一个重大缺点是,家庭田地经过累代分割,越分越碎,导致田块越来越零散,不利于平整土地,不利于浇水灌溉,不利于来往路上节省时间,在增加劳动时间和劳动强度的同时,大大降低了土地的利用效率。对此,20世纪三四十年代,西方学者进行过大量调查和研究,美国哈佛大学教授、中国问题专家费正清(John King Fairbank)在《剑桥中华民国史》中写道:

"财产继承传统中,没有长子继承权,农户的土地往往被切割成不相毗邻的小块,这种情况加重了小规模土地经营的浪费。从一块土地走到另一块土地浪费了许多时间,灌溉变得更困难。巴克估计每个农户有六块土地,其他人估计从五块到四十块不等。"①

---

① [美]费正清等:《剑桥中华民国史》(上册),杨品泉等译,中国社会科学出版社1994年版,第86页。

分家制度导致土地碎片化,东一小块,西一小块,使农民在种地时要把大量时间浪费在来往的路上,这种情况在山区更为明显,上山爬坡要浪费大量时间和精力。

新中国成立初期,我国通过人民公社化,把分散的每家每户的土地收归集体所有,化零为整,第一次把乡村土地集中起来,有效克服了历史上因分家制度导致的土地碎片化困境,但也出现了劳动积极性下降的缺点。

1978年党的十一届三中全会以来,我国实行家庭联产承包制,土地重新分配到每家每户,每家每户重新独立经营。为了避免矛盾,在土地分配过程中实行好地、差地平均分配,重新把土地切割成许多碎块,分散在不同的地方。当然,同旧中国的土地碎片化相比,家庭联产承包制下的土地碎片化程度没有旧中国那么严重。

户田产把田地集中在庭院之内,日常生产就近且便利,可以利用白天时间劳动。由此把户田产下的农业生产转化成一种典型的、纯粹的庭院经济,庭院经济是立体经济、循环经济、生态经济。

北京、上海、广州、深圳特大一线城市,许多上班族一天有两个小时以上时间浪费在上班和回家的路上,不仅浪费时间,还消耗化石燃料石油、天然气等能源。户田产所具有的庭院经济特点,就减少了这种消耗,是一种最低耗能最高效能、自然化生态化的生产方式。

户田产庭院经济具有就近便利的特点,有利于在更高层级上精耕细作,进一步提高田地的集约化生产效应,提高单位面积内土地养活人口的能力。从生存实效来看,既高于中国传统的小农业,也高于美国现代化的大农业,将是生存实效最高的新型生产方式,值得我们期待和探索。

## 四、户田产符合中国人喜欢"单干"的心理偏好与户田产蕴含内在动力机制

### 1. 户田产符合中国人喜欢"单干"的心理偏好

中国老百姓善于和偏好于"单干",这种心理偏好是几千年来家庭小农业养成的习惯。

我国曾经实行过"大集体""合作社""人民公社",农民一起播种、锄地、种植,秋收后,统一分粮。但农民种田的积极性不高,温饱问题解决不了。基于这些情况,改革开放以后实行"单干""包产到户",不再搞"人民公社制",由农民一家一户种植,其结果是调动了农民的生产积极性,粮食产量大增,农民不仅能够吃饱饭,而且还渐渐富裕起来。家庭联产承包责任制的实行,就是这种"单干"模式的典范。

中国的耕地,大部分是小块土地,或者是山地、丘陵,适合一家一户小规模种植,由此也决定了中国的农业,需要精耕细作才能确保粮食产量。如何调动"人"的生产积极性是解决问题的关键点,思考问题的起点、重点、立足点都应当围绕这一关键点进行,家庭联产承包责任制的成功就在于很好地抓住了这一关键点,这正是改革开放以来农村改革取得成功的原因。

本书认为,户田产之所以具有现实可行性,就是户田产也属于一家一户的"单干"模式,符合中国老百姓喜欢"单干"的心理偏

好。在户田产下,各家各户,自种自食、自产自销、自给自足,等于是自家养好自家驴,自家种好自家田,完全契合和顺应了中国老百姓喜欢"单干"的心理偏好和行为特点。

**2. 户田产蕴含内在动力机制**

人的需要是社会发展的原动力,对社会的发展起着至关重要的作用。为了维持基本生存和繁衍,人的生存的第一个必要条件就是满足衣、食、住、行等基本物质需求,然后才能从事政治、科学、宗教、艺术等社会活动。人民群众之所以是社会发展的主体和主力军,就是因为人民群众是社会人口的主体,人民群众生活需求所构成的强大需求力,是推动社会物质生产的强大推动力。

我国的房地产(包含土地金融、土地财政)之所以获得巨大的成功,就是在市场化、城市化、工业化大背景下,人民群众对城市房地产具有巨大的刚性需求和巨大的投资需求,这两大需求是推动我国房地产的巨大驱动力。

中国有数千年的家庭小农业传统,农业文明所积淀的农业文化深深扎根于亿万民众之中。1949 年中华人民共和国成立之初,城镇人口只有 10% 左右,2021 年全国人口中居住在城镇的人口为 9 亿多人,占比 63.89%,增加了 53% 以上,增加的城镇人口都来源于农村,他们自身带有浓郁的乡土情结和乡土情怀。

中国绝大多数人喜爱田园风光,喜欢田园牧歌,每一个人都希望拥有自己的一亩三分地。因此,户田产在中国有巨大的内在需求动力,自身拥有内在动力机制。

### 五、新《土地管理法》允许农村集体经营性建设用地入市买卖交易

《中华人民共和国国民经济和社会发展第十四个五年规划和2035年远景目标纲要》提出,要把解决好"三农"问题作为全党工作重中之重,全面实施乡村振兴战略,深化农村改革及土地管理制度改革。在农村经济发展过程中,集体土地的产权关系不明引发了农村土地滥占乱用、缺乏秩序等问题,制约了土地流转及资本化。

我国《土地管理法》把农村土地分为三大块:(1)农用地;(2)建设用地;(3)未利用地。

"建设用地",指的是农村集体建设用地。农村集体建设用地也分为三大类:(1)宅基地;(2)公益性公共设施用地;(3)农村集体经营性建设用地。

关于"经营性用地",2020年1月1日实施的最新修订的《土地管理法》规定可以直接入市,赋予了"经营性用地"直接入市的合法化地位。

国家让"经营性用地"直接入市,目的是让农民直接分享土地增值收益,在广大乡村建立兼顾国家、集体、个人的土地增值收益分配机制。

在《土地管理法》的制度框架下,2021年4月21日国务院通过的《中华人民共和国土地管理法实施条例》明确规定了集体经营性建设用地入市的法律程序。集体经营性建设用地直接入市后的出让、租赁、入股,将会与国有土地相同,同权同价,由市场供需机制直接决定和自动调节。

关于农村集体建设用地中的第一块"宅基地"和第二块"公益

性公共设施用地"，按照新的土地法法律条款，不能够像农村集体经营性建设用地一样直接入市，但经过两道手续对土地使用性质进行变性处理以后，也可以入市。

土地变性的两道手续是：

（1）全体村民三分之二或村民代表三分之二投票通过。

（2）到市级土地管理部门审批。

这两道手续通过以后，宅基地和公益性公共设施用地即可转变成农村集体经营性建设用地，这两块土地变性成功后，可直接入市，入市时与国有土地相同，同权同价。这就为户田产开发试点找到除了原来存量的农村集体经营性建设用地以外的更多开发可能，具有法律依据和制度许可的先例，使户田产开发有更大现实可行性。

当然，在新《土地管理法》的基本法条的支撑下，要进行理性的统一规划和设计，防止农村的良田和土地被资本侵蚀，这也是户田产将主要探究的课题。

## 六、新型集体经济与户田产综合开发有足够的产业链配套、资本投入与劳动力供应

户田产的综合开发需要已经成熟的相关产业链配套、资本投入和劳动力的供应。而中国几十年来的城市化发展尤其是房地产的发展，为户田产准备了完整的产业链配套。同时，包括土壤改良治理、土壤进口等方面的发展，也为户田产的整体建设准备了相应的基础条件。

### 1. 户田产开发有基础建设所需的物料基础

中国的钢铁和水泥已经严重过剩。根据中华人民共和国统计局公布的数据,早在 2014 年钢材产量就达到 11.26 亿吨,钢铁产量占全球的一半;2014 年水泥产量为 24.76 亿吨,占全球的 68%。

自 2014 年之后,中国对钢铁和水泥实施大幅度"去产能",到 2022 年中国钢铁总产量为 10.13 亿吨,较之 2014 年的 11.26 亿吨,减少了 1.13 亿吨;2022 年中国水泥产量为 21.18 亿吨,较之 2014 年的 24.76 亿吨,减少了 3.58 亿吨。即使在"去产能"的背景下,中国的钢铁、水泥仍是过剩的,过剩总量超过 30%,而这些过剩的产能,为新型集体经济与户田产综合开发提供了丰富成熟的基建物质支撑。

此外,在基建材料的选择上,我国还有全木制类建筑的方案适合户田产的建设和发展。比如生态智慧木墅及户外防腐木产品,这种装配式木墅全场景庭院将成为乡村建筑的未来发展趋势。装配式木结构建筑企业,顺应全球倡导低碳发展的大趋势,积极践行国家绿色双碳战略,以实际行动助力传播环保绿色的低碳理念。装配式木墅搭载了绿色能源生态系统,包括太阳能发电系统、净水系统、污水处理系统等绿色环保技术,通过降低资源和能源的消耗、减少各种废物的产生等方式,实现建筑与自然的共生,是户田产建设发展的可选之材。

### 2. 户田产开发有足够的资金资本投入

根据国家统计局 2023 年 2 月 28 日在《中华人民共和国 2022 年国民经济和社会发展统计公报》上公布的数据,从以下七个方面的数据可以看出现阶段中国进行新型集体经济与户田产综合开发有充足的资金。

（1）国内生产总值。2022年全年国内生产总值121.02万亿元。

（2）货币供应量。2022年12月末，广义货币供应量（$M_2$）余额266.43万亿元，狭义货币供应量（$M_1$）余额67.17万亿元。

（3）社会融资规模。全年社会融资规模增量32.01万亿元，年末社会融资规模存量344.21万亿元，其中对实体经济发放的人民币贷款余额212.43万亿元。

（4）存款余额与贷款余额。金融机构本外币各项存款余额264.4万亿元，金融机构本外币各项贷款余额258.5万亿元。

（5）固定资产投资与房地产开发。全年全社会固定资产投资（不含农户）57.2万亿元，全年房地产开发投资13.29万亿元。

（6）进出口总额。全年货物进出口总额42万亿元，其中，出口239654亿元，增长10.5%；进口181024亿元，增长4.3%。货物进出口顺差58630亿元，比上年增加15330亿元。

（7）国家外汇储备。国家外汇储备总额31277亿美元。

由此可见，中国已经告别资金、资本不足的时代，进入到三大资本（生产资本、商业资本、金融资本）过剩的时代。目前需要考虑的是如何消化庞大的过剩资本。而这些过剩资本，为户田产发展提供了金融基础。

**3. 户田产开发有足够的劳动力供应**

目前，按照西方国家16岁至65岁劳动年龄人口计算（退休年龄延长到65岁是必然趋势），我国劳动年龄人口总计9.65亿人，比联合国公认的全球 31 个发达国家人口总和 9.385 亿人还要多出 0.265 亿人,如此庞大的劳动年龄人口为新型集体经济与户田产综合开发提供了充足的劳动力。

劳动力资源优势是中国最大的要素优势之一,但劳动力优势需要与劳动岗位相结合才能发挥出来。前文多次阐述我国目前的社会问题就是数以亿计的劳动力价值无法释放的问题,大量劳动力处于闲置状态,造成人力资源的极大浪费。

户田产以最为广大的乡村作为经济开发的主战场,其地域辽阔,在使用劳动力的规模上可以比房地产高出一个数量级,所以,可以作为消解我国劳动力过剩问题的一条有效路径。

### 七、从战旗村成功范例看户田产的现实可行性

四川省成都市郫都区战旗村,是我国全面振兴乡村"走在前列"的先进村、先行村,该村的改革创新举措与本书所设计的新型集体经济与户田产综合体有相似之处,为新型集体经济与户田产综合体试点、试验提供了先行一步的样板和模板,从实践方面证明了新型集体经济与户田产综合体具有现实可行性。

战旗村距离成都市 40 千米,位于成都市乡村振兴博览园核心区,全村面积 5.36 平方千米,耕地 5441.5 亩,辖区 16 个村民小组1445 户 4493 人。战旗村有一个具有"核心引领"作用的村支部,村支部自 1965 年成立以来,始终紧跟党中央的政策调整,取得过一个又一个的优异成绩。早在"农业学大寨"时期,战旗村在当时的村支部带领下就成为先进村,改革开放以后在发展乡镇企业、企业改制、新农村建设过程中都紧跟党中央走在前列,也是先进村。2012 年党的十八大以来,战旗村紧跟新时代步伐,在股份化改革、

"拆院并院"集中居住、土地集中与改革、一二三产业融合等方面取得了一系列可圈可点的改革创新成果。

战旗村全面振兴乡村的成功经验主要从以下两个方面说明户田产在我国行得通。

一是战旗村"拆院并院"集中居住的成功实施,说明在未来新型集体经济与户田产综合体开发建设过程中也可以对当地的村民进行"拆院并院"集中居住,并取得成功。

战旗村通过"拆院并院",把以前分散居住的宅基地归并整理,把以前分散居住的村民集中居住在一起,节约出208亩建设用地①,1445户村民平均每户节约出96平方米,这说明仅宅基地一项,通过"拆院并院"集中居住可以节约出大量的土地。中国有66万多个村,按照战旗村"拆院并院"集中居住的做法,总体可以节约出超过1.3亿亩的土地,相当于9万平方千米的土地规模,比现在我国城市占地面积5万平方千米多出将近一倍,这说明"拆院并院"集中居住能节约出非常可观的土地面积。

2015年,战旗村抓住农村集体经营性建设用地入市改革的良好机遇,在四川省敲响了集体经营性建设用地入市"第一槌"②,引资7000万元打造"香境"商业综合体,成功实现了"三变改革",实现了资源变资本、资金变股金、农民变股民的历史性转变和跨越,从此村民人人都是股东,人人都有分红。2020年与天府旅游公司合资建设"战旗天府酒店",进一步壮大了农村集体经济,提高了村民的经济收入,到2022年战旗村村集体资产已经迈进亿元村行列。这些都是"拆院并院"集中居住节约出208亩土地带

---

① 侯尧:《战旗村振兴的"八字诀"》,《中国领导科学》2020年第5期。
② 唐文金、陈晓军:《战旗村土地制度改革何以成功?》,《四川省情》2019年第12期。

来的经济效益。

对当地的村民进行"拆院并院"集中居住,是新型集体经济与户田产综合体在开发建设过程中将会遇到的最大阻力,现有的新农村建设过程中"村民上楼"遇到非常大的阻力就是明证。战旗村"拆院并院"集中居住的成功实践证明,只要能够给村民带来切实的利益,对全面振兴乡村有利,村民对"拆院并院"集中居住还是愿意接受和配合的。未来的新型集体经济与户田产综合体开发建设把城市里的人才、资金、技术和各种先进因素带到乡村,提升当地乡村的土地价值,改善当地乡村的生活质量和生活品质,会给村民带来切切实实的经济利益,因而将会像战旗村"拆院并院"集中居住一样可以取得成功。

二是战旗村土地重新集中的成功实施,说明在未来新型集体经济与户田产综合体开发建设过程中也可以把当地村民分散的承包土地重新集中起来,并取得成功。

战旗村通过土地重新集中,实现"田归大片",创造出了1800多亩(约97%农用地),并全部用于建设绿色产品品牌,建成绿色有机蔬菜种植基地1800余亩,集聚企业16家,吸纳就业1300多人,全面提升了战旗村的农业产品附加值。

战旗村先后培育出榕珍菌业、满江红、战旗3个省市级著名商标品牌和"天府水源地"有机品牌,其中榕珍菌业年产值上亿元。通过成立蔬菜专业合作社,对集中起来的1800多亩土地进行统一经营管理,引进榕珍菌业、妈妈农庄、蓝莓草莓、蔬菜、苗木花卉等企业,解决村民就业问题。在土地重新集中起来的基础上,建设生态绿道3500米,推进"田成方、树成簇、水成网"规划布局,重现往昔都江堰精灌区"岷江水润,茂林修竹,美田弥望,蜀风雅韵"的锦绣画卷,提升了战旗村村民的生活品质和幸福指数,战旗村成为"全国中小学生研学实践教育基地"和"四川省中小学生研学实践教育基地",为在中小学生中大力发展农业教育和传承中华农耕文明提供了良好的实践教育基地。2021年,战旗村共接待游客约106万人次,实现旅游收入4669万元,村民人均年收入达3.55万元,达到了提升村民经济收入的目标。[①]

尤其值得称道的是,以往每家每户分散单干状态下农药、除草剂、转基因、化肥、生物制剂等污染物的超量使用以及所带来的生态环境污染问题在农村集体经营机制作用下和党支部正确领导下,一次性地得到有效克服,华丽转型为绿色、有机、环保的生态农业,为实现有规模的生态农业和践行新发展理念中的"绿色"理念打下了坚实的基础。这些成果的取得和村风村貌的改变,都得益于战旗村土地重新集中所带来的规模效益和综合效益。战旗村的成功得到了习近平总书记的关注,2018年2月习近平总书记来到成都市郫都区战旗村考察,称赞战旗村"战旗飘飘,名副其实",并嘱托战旗村要在乡村振兴中继续"走在前列,起好示范"。[②]

对当地的土地进行承包地重新集中,是新型集体经济与户田产综合体在开发建设过程中将会遇到的又一大阻力。由于村民担心耕地被剥夺,成为"失地农民",变得一无所有,所以,村民对土地重新集中心生戒备,怀有抵触心理。战旗村承包地重新集中的成功实践证明,只要能够给村民带来切实的经济利益,对村民提高经济收入有利,村民对承包地重新集中并不排斥和抵触。未来在

---

① 赵一:《让乡村振兴的"战旗"高高飘扬》,《成都日报》2022年6月20日。

② 叶华:《建好堡垒　在乡村振兴中走在前列、起好示范——四川省成都市郫都区战旗村"战旗飘飘,名副其实"》,《乡村振兴》2022年第7期。

新型集体经济与户田产综合体开发建设中会把城市里的人才、资金、技术和各种先进要素带到乡村,一次性实现农业农村现代化,实现化学农业的绿色转型,建立生态农业,净化乡村生态环境,把乡村建成宜居和美的新乡村,可以大大改善当地乡村的生活质量和生活品质,会给村民带来实实在在的好处,因而将会像战旗村承包地重新集中一样可以取得成功。

以上阐述的战旗村"拆院并院"集中居住与承包地重新集中起来,是未来新型集体经济与户田产综合体开发建设中将会遇到的最大的两大障碍,战旗村能够有效克服这两大障碍以及在全面振兴乡村实践中能够取得优异的改革创新成果都充分说明,只要有利于壮大集体经济,有利于提高村民经济收入而不是损害村民经济利益,能够给当地村民带来好处而不是坏处,这两大障碍完全可以被克服和排除掉,因而战旗村全面振兴乡村实践中改革创新的成功经验给户田产提供了一个活生生的"现实版"成功案例,从实践方面证明户田产在我国将来试点、试验和实践中具有行得通的现实可行性,在运作方面也具有符合乡村实际的可操作性。

# 第四章 户田产功能价值分析

## 第一节 对户田产强大功能的自然科学解析

### 一、"同分异构"及其巨大的功能差异

自然界一切事物的性质和功能由事物自身的结构所决定。事物结构决定着事物内部基本成分的空间分布方位,决定着事物内部的体系架构,控制着事物内部的信息交流渠道,规定着大系统与子系统,以及子系统与子系统之间的协调、联系和制约方式。

事物内部的基本成分或基本元素相同,但如果这些基本成分或基本元素的空间分布方位不同,即排列组合方式不同,也即结构不同,就会产生不同的性质和功能。事物的结构只要有一点非常细微的差异,就有可能导致完全不同的性质和功能。

例如,乙醇和甲醚属于同分异构,其分子结构式只有些微差异,但其化学性质则完全不同。乙醇和甲醚的分子结构式见图4-1。

乙醇 甲醚

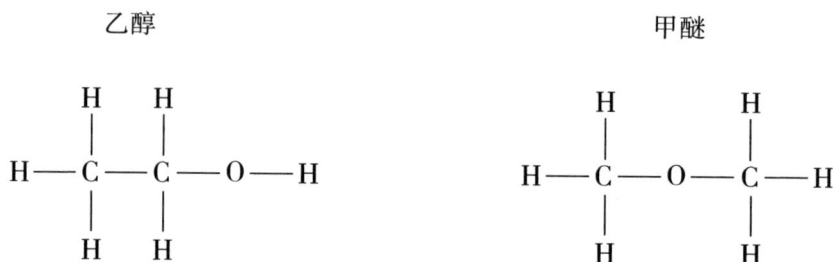

图 4-1　乙醇和甲醚"同分异构"分子结构式

从以上乙醇和甲醚的分子结构式中可以看出,乙醇和甲醚都由六个氢(H)原子、二个碳(C)原子、一个氧(O)原子组成,只是在排列上有一点细微的差别,那就是乙醇分子结构中一个氧(O)原子同一个碳(C)原子和一个氢(H)原子结合,而甲醚分子结构中一个氧(O)原子同两个碳(C)原子结合,从分子结构式看,仅仅一个(O)原子的位置不同,就是这么一点细微的差异就导致了乙醇和甲醚的化学性质和功能完全不同,是两种完全不同的化学物质。在化学性质上,乙醇无毒,而甲醚则有剧毒。这个结构如同"户田产"与"房地产",从结构上看,田对地,产对产,房对应登记于个人名下,户对应登记于每户家庭之下,属于细微结构化差异,但却会产生不同的功能。

笔者从自然科学角度类比经济名词,只是想类比说明"户田产"与"房地产"的内在联系和逻辑,是一通百通的。

## 二、户田产从结构与微观入手发挥基因作用

同分异构在自然界中是普遍存在的物质现象,对此我们容易理解,但人类社会中的同分异构却很少有人去思考和理解。

从自然界中的同分异构现象,我们得到的重要启示是:

(1)改造人类社会应当从社会结构入手,只要稍稍改变一下

社会结构,整个社会的功能就会发生巨大的改变。原因是,结构决定功能,事物的结构决定事物的功能。

(2)改造人类中观社会和宏观社会应当从社会微观(家庭)结构入手,对社会微观(家庭)结构只要稍稍改变一点点,整个社会功能从微观(家庭)到中观(社区),再到宏观(国家和全社会),就会发生根本的改观。原因是,社会微观结构就像整个人体中的DNA,发挥着基因作用,直接影响到全局的未来发展和走向,对中观社会结构和宏观社会结构具有决定作用和决定意义,通过对中观社会结构和宏观社会结构的决定作用和决定意义来决定中观社会功能和宏观社会功能。

户田产之所以会有下一节所描述的十个经济社会功能,成为"全能型"新兴产业、新兴业态和新兴生态,之所以可能会对未来我国经济社会的发展走向和战略态势产生巨大的影响和带来革命性变革,就是户田产改变了我国乡村社会的微观结构,从社会细胞层面和社会基因层面改变了我国的社会结构,看似微调,实则影响既深且巨,将会产生"一子落地,全盘皆活"和"一业旺,带来百业旺"的巨大经济社会效果。通过社会微观领域里的结构功能改变,实现社会中观领域里的功能升级,进而实现社会宏观领域里的结构功能大突破。

## 第二节　户田产的十个经济社会功能

### 一、打造新的经济发动机

房地产对中国经济30年的高速增长居功至伟。2023年2月

3日,央行发布《2022年四季度金融机构贷款投向统计报告》:房地产贷款方面,整体上看,2022年房地产贷款增速回落,房地产开发贷款增速提升。《2022年四季度金融机构贷款投向统计报告》显示,2022年年末,人民币房地产贷款余额53.16万亿元,同比增长1.5%,比上年末增速低6.5个百分点;全年增加7213亿元,占同期各项贷款增量的3.4%。《中国财富报告2022》的数据为:2021年中国居民总财富687万亿元,其中房地产476万亿元,占比69.29%,中国居民财富七成是房地产,占了中国居民财富的大头。

房地产作为拉动中国经济高速发展的巨型发动机,已经一去不复返。但是中国经济要想持续得到发展,广大乡村要想全面振兴,尤其是刚脱贫的农村人口,既要防止其返贫,又要推动其进一步提升至中等收入群体,迫切需要一个强有力的新发动机接替开始失去动力引擎的房地产,放弃通过房地产对经济进行强烈刺激的老套路。但拥有足够的动力、能够接替房地产的新发动机,到底是什么呢?对此,从学界到政界,再到商界,大家都在积极探索。

本书认为,户田产作为房地产的转型升级版,有能力接替房地产,成为下一个拉动中国经济高速增长的巨型发动机,并且其所拥有的超强动力将不亚于房地产。

因为房地产所立足的中国城市,其占地面积只有5万平方千米,而户田产所立足的中国广大乡村的土地,就其占地面积而言,仅宅基地一项就达到17万平方千米。2020年12月20日中央政策研究室原副主任郑新立发布了《全国农村宅基地有17万平方公里,能吸引几十万亿资金》一文称,"十四五期间,宅基地改革是乡村振兴最大红利","十四五期间,宅基地改革是农村最大增长点"。郑新立根据以往5万平方千米的城市房地产开发能够带来巨大红利,认为对17万平方千米的宅基地做类似的房地产开发,会产生比房地产开发更大的经济效益,会带来比房地产开发更大的红利。

郑新立所说的"乡村振兴最大红利"和"农村最大增长点"只是就乡村17万平方千米的宅基地而言的,但是17万平方千米的宅基地在中国960万平方千米的国土上只占一个小零头而已。

新型集体经济与户田产综合开发将会面向广大乡村的所有土地,包括19.18亿亩(折合约128万平方千米面积)耕地,其所拥有的发展空间是房地产所无法比拟的。

新型集体经济与户田产综合开发除了上面所说的19.18亿亩(折合约128万平方千米面积)耕地之外,还要向广大乡村的山、水、林、田、湖、草、沙进军,向荒地、荒山、荒沟、荒丘、荒滩、荒坡、荒沙、荒草、荒水进军,其面积是乡村17万平方千米宅基地的数十倍,是城市5万平方千米的上百倍,由此带动的土地大开发和经济大发展将会远远超过房地产大开发。

"衣、食、住"是人的三大需求,户田产可以解决人的生存所必需的"衣、食、住"三大需求。相较于房地产只能解决人的"住"的需求,户田产增加了"衣、食"两大需求,另外还顺带具有劳动、健身、休闲、隐居、教育、养生、养老的功能,这些功能都是房地产所不具备的。"衣、食、住"人人需要,家家需要,自然拥有巨大的需求市场空间,成为经济发动机则是必然的。

户田产像房地产一样,具有要素聚集功能,能够把各种生产要素和生活要素聚集在一起,推动乡村经济向前发展,撬动乡村多种产业振兴,因而能够接替房地产成为我国下一阶段经济发展的新发动机。一则是户田产具有比房地产更广大的物理空间、地域范围;二则是户田产有比房地产更广大的群众基础,有足量的人口支撑和充足的市场需求。

芯片、人工智能、数字经济甚至包括汽车、制造业,都无法接替房地产,无法像房地产那样成为经济发动机,最主要的原因是,这些行业不是每一个人生存之必需,无法渗透到每一个人的日常生活之中,缺少足够的人口规模和足够的市场空间。我国有9亿劳动力,科技创新能解决的就业人数非常有限,远远满足不了社会的庞大需求。

综上所述,户田产能够充当全面推进乡村振兴的新发动机角色。可以预期,乡村新型集体经济与户田产综合开发一旦启动,我国下一阶段的经济发展就等于安装上了一部不亚于房地产的巨型发动机,通过乡村新型集体经济与户田产综合开发的发动机作用,我国经济有望再高速增长 30 年,对我国 2035 年基本实现现代化具有巨大的推动作用。


## 二、推动土壤制造业兴起

前文已经提及,户田产最直接的经济功能是人工造田功能,通过人工造田,在增加耕地总量的同时,会带来对土壤质量改良治理的需求,为满足发展户田产的土壤改良治理需求,必然会推动土壤制造业兴起。

户田产强调的是家家户户有自己的田产,判断一处户田产是否有价值或者其价值大小的一个重要价值评价尺度(还有其他价值评价尺度,比如地理方位、所处地段)是其人工造田所花费的成本大小和所造之田土壤质量的优劣。为了提高户田产中"田"的市场价值,必然需要巨量的优质土壤,由此刺激优质土壤的进口和土壤质量改良治理相关产业的发展,土壤质量改良治理相关产业中的一个重要产业就是土壤制造业。

人工造田所需的材料主要是优质土壤,获取优质土壤的途径主要有三个方面:

(1)人工造土与土壤修复行业。通过土壤治理的技术手段,把劣质土壤进行改良优化,或把泥土、沙子、腐殖质、矿物质、绿色植物粉末等按照一定的比例加以科学配制、发酵,加工制造,使造出的土壤适合农作物生长,由此生产出优质土壤。

目前,在没有户田产的现状下,现有的土壤治理行业已具有很大的发展前景。2022年发布的中国土壤修复行业供需分析及发展前景研究报告指出,2021年中国土壤治理市场规模达114.7亿元,较2020年增加了14.8亿元,同比增长14.8%。中国土壤治理行业参与企业数千家,但多数企业的综合修复实力存疑,通常仅拥有1—2种土壤修复技术,难以提供综合土壤修复方案。借鉴国际发达国家先进的土壤修复产业发展经验,成熟的土壤修复产业涉及检测、评估、技术设备研发及工程设计施工等多个环节,对企业的综合性发展要求较高。

目前我国对土壤治理工作越来越重视,2022年国内土壤污染风险得到全面管控,土壤污染加重趋势得到初步遏制。国内从事土壤修复的企业越来越多,用"雨后春笋"来形容毫不为过。随着国家宏观和行业政策对土壤修复重视度的提高,以及相对完善的土壤修复管理体系构建,未来将会产生更多的土壤修复项目,市场需求将扩张,土壤治理市场将迎来巨大的提升空间。

（2）远距运土。把远距离的可用土壤运到新型集体经济与户田产综合体,用于人造耕地。尤其是山区地广人稀,山上有大量的表层腐殖质土壤,可以收集起来,运到新型集体经济与户田产综合体所在位置,用于人工造田、人造耕地。

（3）异地买土和全球买土。东南沿海可以向黄土高原（80 万平方千米,黄土平均厚度大约 80 米）购买黄土,用于新型集体经济与户田产综合开发中的人工造田、人造耕地。

在新型集体经济与户田产综合体大规模开发过程中,户田产开发商除了在国内异地买土外,也可以向全球购买黑土。

黑土地是大自然对人类的恩赐,是一种极其珍贵的土壤资源。黑土土壤性状好、肥力高,非常适合植物生长,是一个国家用于发展农业的优质宝藏。国外有三大黑土平原,每一个都是巨大粮仓,按照面积排列如下:

东欧乌克兰大平原,黑土地面积为 3.3 亿公顷,有"欧洲粮仓"之称。

北美密西西比平原,黑土面积为 2.9 亿公顷,有"北美面包篮"之称。

南美潘帕斯平原,面积 1.06 亿公顷。

在新型集体经济与户田产综合体大规模开发过程中,可以向上述国外三大黑土平原购买黑土。

通过新型集体经济与户田产综合开发,从"种房子"向"种粮食"转变;从占用耕地和减少耕地向人造耕地和增加耕地转变;从占用老耕地和减少老耕地,向制造新耕地和增加新耕地转变;从耕地越来越少向耕地越来越多转变。

新型集体经济与户田产综合开发将会推动我国产生一个新兴制造业——土壤制造业。土壤制造业将很有可能成为我国最大的工业制造业之一,我国有广大的山区,像浙江省"七山一水二分田"即是。广大山区里的林、木、草、藤、竹等各种绿色植被异常丰富,过去都烂在山上,以后可以通过人工发酵和催腐,工厂化制造人工腐殖质,与泥土混合在一起,制造富含腐殖质的有机土壤,用于户田产的人造耕地、人工造田。

随着户田产在全国范围内的兴起和大规模铺开,需要大量的优质人造土壤,土壤制造业会得到大规模发展,将会成为我国最大的工业制造业之一,甚至有可能成为排在我国工业制造业的首位,成为我国最大的工业制造业。

通过土壤制造业,把绿色植物内含的太阳能量转化为优质土壤,再转化为粮食生产的动量,生产出绿色、生态、有机、环保的优质食物。

人类历史上,种地总是择地而种,可种则种,不可种则弃之不种,户田产将作为一个分水岭和界标从根本上改变这一状况。户田产通过人工造土、远距运土、异地买土和全球买土把地面上的"四荒"①土地改造成良田,甚至可以开山辟石,人造耕地,"青石板上创高产"。人类的农业历史将由于户田产新产业的兴起而进入到人造耕地、人工造田的新阶段,在耕种土地的选择上,人类将会由自在阶段进入自为阶段,从必然王国步入自由王国。

---

① "四荒"指农村集体经济组织所有的荒山、荒沟、荒丘、荒滩,包括荒地、荒坡、荒沙、荒草、荒水等。

让大自然造化的优质土壤和人工制造的优质土壤金融化,使之向财富化的方向转化,这将是人类历史上的金融分水岭和财富分水岭,具有标志性、界碑性的意义。

户田产将第一次把以往看似最无用、最无价值的土壤变成高端的金融产品,这一点将是人类经济史上具有革命意义的大突破。

### 三、土地金融发展与土地财政增收

土地金融和土地财政是中国四十多年改革开放成功的原因之一,通过土地金融和土地财政解决了中国工业化、城市化过程中资金需求问题和资本原始积累问题,把中国房地产打造成拉动经济快速发展的巨型经济发动机,对中国经济的贡献是明显的。

户田产所产生的土地金融和土地财政将会超过房地产,这对缺乏工商业税源的西部县域财政来说是一个极大的利好。户田产会带来巨大的新税源、新税收,可让缺乏工商业税源的西部县域财政一改以往靠财政转移支付过日子的窘境。

### 四、促进生态循环经济兴起和发展

党的二十大报告提出,"加快发展方式绿色转型。推动经济社会发展绿色化、低碳化是实现高质量发展的关键环节。加快推动产业结构、能源结构、交通运输结构等调整优化。实施全面节约战略,推进各类资源节约集约利用,加快构建废弃物循环利用体系。完善支持绿色发展的财税、金融、投资、价格政策和标准体系,发展绿色低碳产业,健全资源环境要素市场化配置体系,加快节能降碳先进技术研发和推广应用,倡导绿色消费,推动形成绿色低碳的生产方式和生活方式"①。

"我们坚持绿水青山就是金山银山的理念,坚持山水林田湖草沙一体化保护和系统治理,全方位、全地域、全过程加强生态环境保护,生态文明制度体系更加健全,污染防治攻坚向纵深推进,绿色、循环、低碳发展迈出坚实步伐,生态环境保护发生历史性、转折性、全局性变化,我们的祖国天更蓝、山更绿、水更清。"②

党中央为新时代高质量发展指明了方向,加快发展方式绿色转型是我国从速度经济转向高质量经济的重要标志。2020年10月,党的十九届五中全会提出,"十四五"时期经济社会发展要以推动高质量发展为主题。优先发展农业农村。我国作为人口大国和农业大国,农业农村农民问题始终是关系国计民生的根本性问题,解决好"三农"问题始终是全党工作重中之重。必须优先发展农业农村,坚持走中国特色社会主义乡村振兴道路,全面实施乡村振兴战略,强化以工补农、以城带乡,推动形成工农互促、城乡互补、协调发展、共同繁荣的新型工农城乡关系,加快农业农村现代化。③ 农业农村高质量发展的核心就是在更高层级上建立乡村的生态循环经济,生态循环经济具有内关联性、内耦合性、内协同性、内自洽性的特点,可自成生产闭环系统,内部自我循环。

---

① 习近平:《高举中国特色社会主义伟大旗帜　为全面建设社会主义现代化国家而团结奋斗——在中国共产党第二十次全国代表大会上的报告》,人民出版社2022年版,第50页。

② 习近平:《高举中国特色社会主义伟大旗帜　为全面建设社会主义现代化国家而团结奋斗——在中国共产党第二十次全国代表大会上的报告》,人民出版社2022年版,第11页。

③ 王昌林:《以推动高质量发展为主题》,《人民日报》2020年11月17日。

生态循环经济是生态经济与循环经济的二合一,我国传统的农业经济就是生态经济与循环经济的二合一,是典型的生态循环经济,在食物生产上高度自洽、闭环、内循环,具有顽强的再生产能力和高度的稳定性。

拥有户田产的家庭,其生产目的,不是向市场提供产品,不是为了销售营利,不是为了追求产品数量,而是为了自产自食、自给自足,这就使每一个家庭在自己的户田产庭院内的食物生产具有天然的生态生产特点。生态经济只是户田产正面作用和良性作用的一个方面,另外一个方面就是循环经济。

户田产具有循环经济作用,主要表现在两个方面:

一是种子自留,在种子方面实现家庭种子自我循环。户田产内家家可以自留种子,像古代农家那样,每家每户的种子是自留的,春种一粒粟,秋收万颗子。

种子是农业的命根子,中国古人有"饿死不吃种子"的说法,把种子看得比命金贵。种子战是生物战的一部分,家家自留种子,就不怕种子战。党的十九届六中全会通过的《中共中央关于党的百年奋斗重大成就和历史经验的决议》提出,坚持藏粮于地、藏粮于技,实行最严格的耕地保护制度,推动种业科技自立自强、种源自主可控,确保把中国人的饭碗牢牢端在自己手中。

二是生态循环,在户田产庭院内可实现食物生产自我循环,形成一个内部自循环的食物生产闭环。比如户田产内的卫生间可与户田产内的荷花池塘相连,人的排泄物可以成为荷花池塘里养鱼和植藕的有机养料;养殖所产生的粪便经过简易设备加工成为化肥用料,也可以直接投放到荷花池塘里用于养鱼和植藕。荷花池塘富含有机腐殖质的泥土可提取投放到农田里作为肥料。还有户田产"田"里的秸秆可以直接粉碎还田,也可以通过发酵处理后还田,以增加土壤的有机质。秸秆还土壤,土壤生秸秆,秸秆与土壤互相循环,互相促进和良性发展。另外可以在农田里养殖蚯蚓,用蚯蚓增加土壤肥力,同时还可以把蚯蚓投放到荷花池塘里养鱼。总之,在户田产庭院内,人、畜、植物的废料可以变废为宝、循环利用,形成内部自适自配和自我循环的生态闭环。

### 五、推动城乡双向循环,促进国内经济大循环

扭转乡村向城市单向"净输出"状态,构建城乡生产要素和生活要素"双向循环"新格局,是全面振兴乡村的一个重要前提条件。国内大循环和统一大市场是党中央对我国现代经济体系的重要布局,要落实这一重要布局必须把乡村向城市单向"净输出"逆转为城市也向乡村输出,城市里的资金、人才也向乡村流动。

"天下熙熙,皆为利来,天下攘攘,皆为利往。"户田产把城市房地产模式引入乡村,内含市场经济必须具有的内在利益驱动机制,在利益驱动下,人们"求利"作为首要但不是唯一前提,会主动走向乡村,城市里的资金、人才会自动"上山下乡",这样一来,就可以形成城乡要素"双向循环"的新格局。

### 六、应对生物战的防御堡垒

生物战,旧称细菌战,指使用生物武器伤害人畜、毁坏农作物的作战方法。但现代生物战已经由最初的细菌战延展到病毒战、

基因战、种子战。"非典"、埃博拉、新冠属于病毒战;转基因和基因病毒属于基因战;控制别国种子属于种子战。

生物战是暗战,是看不见的战线和战争,生物战最让人疏于预知,疏于防范,疏于应战。面对越来越严峻的国际博弈和生物战威胁,只有那些早早作出战略布局,为打生物战做了充分准备,"早已森严壁垒"的民族,才会有可能成为幸存者。

户田产高墙如城,是生物战的坚固堡垒,若中国能够通过户田产提前布局应对生物战的防范措施,就可以产生备战止战、以战止战的效果。

见于未兆,虑于无形,是智者谋篇布局的先手棋,是立于不败之地的重大举措。美国已在全球布局 336 个生物试验室,有1000 多家科研院所参与基因和生物研究,已经拉开了人类生物战的序幕,生物战的钟声已经向我们敲响,我们绝对不可以充耳不闻,绝对不可以等闲视之。

户田产,让每家每户自我防御,自我备战,自我"高筑墙,广积粮"。一旦疫情或生物战暴发,封其窗,闭其门,足不出户,断绝与外界的联系,在自家户田产庭院内自我生产,自我消费,自给自足,万事不求人。一个户田产就是一幢农业基因库、一座农业生物岛、一个生物战隔离区,千千万万个独立的户田产就是千千万万个生物战防御堡垒,能够有效应对疫情或生物战,恰如老子李耳在《道德经》(第五十章)所说:"兕无所投其角,虎无所措其爪,兵无所容其刃。夫何故?以其无死地。"

### 七、安装社会稳定器,构筑失业防洪堤,稳定社会大局

自 1949 年中华人民共和国成立以来,我国乡村相对于城市而言一直起着社会稳定器和失业防洪堤的特殊功能。20 世纪六七十年代的"知识青年上山下乡"运动,直接的动因就是为了解决大量城市青年无法在城市就业的社会问题。

市场经济天然具有周期波动特性,但中国的社会主义市场经济却独具弹性和韧性,究其原因,恰好是因为城乡二元结构下中国乡村具有稳定社会大局与失业防洪堤的功能。

户田产的好处之一,就是城乡融合,城乡一体化,稳住农业基本盘,是应变局、开新局的压舱石,让城镇化与逆城镇化相辅相成。

户田产虽然能够打破城乡二元结构,但没有减弱城乡二元结构所具有的稳定社会大局与失业防洪堤的功能。在户田产下,中国乡村所具有的社会稳定器与失业防洪堤的独特功能不仅不会遭到破坏,反而会得到进一步强化。原因是,城市居民可城里一套房产,农村一套户田产。平时在城市工作,放假下乡;有工作时在城市就业,失业时返回乡村。有了户田产,一家人自给自足,即使有大的经济波动,在城市失业,也可以回到农村解决基本生存问题。

随着自动化、网上购物、人工智能、数字经济的发展,越来越多的就业岗位会被先进科学技术排挤和取代,这是大的发展趋势,不可逆转。昆山市和东莞市大量无人工厂崛起即是明证。马克思所说的"生产力压迫人口"的规律在即将来到的第四次科技革命中将发挥越来越大的作用,先进科学技术排挤和取代劳动人手的趋势会进一步加剧,失业大潮必将滚滚而来。让每一家有一处户田产,是对冲先进科学技术排挤劳动人手的一种有效方法。

通过发展户田产,安装社会稳定器,构筑失业防洪堤,稳定社会大局,对防范社会动荡,有积极意义和正面作用。

### 八、提供养老养生的新选择

我国老年人口总量庞大,截至 2021 年年底,全国 60 岁及以上老年人口达 2.67 亿人,占总人口的 18.9%,预计 2035 年将突破 4 亿人,占总人口超 30%。[①] 如果以国家统计局公布的历年出生率和总人口数计算每年出生人口数,再以这个出生人口数简单推算,全国新迈入 60 岁的人口数在 2021 年一年里不到 1200 万,但在 2022 年一年里超过 2000 万,在 2023 年一年里预计将会接近 3000 万。越来越多的劳动年龄人口步入老年退休阶段,增加了退休人口的比例,而这些退休人口很多有一定的经济能力和教育程度,他们对晚年的养老养生生活质量有更高的追求,这必然会将关注点延伸到公共服务供给、社会养老体系等。

在中国人看来,知进退是大智慧。在现代人的退休制度下,人们到了老年不得不退,退休以后人们希望找一个可安静、可隐居的地方养老,以达到颐养天年的目的。

但是现代城市市民没有太多选择,只能被迫或无奈地居住在喧闹的都市里。

现有的乡村条件不适合城里人下乡养老,是因为在现有的乡村条件下,老年人生病后在乡下看病不方便,尤其是急性病或突发病来不及有效医治;平时生活也不方便;还不能带孙子上幼儿园、中小学校。现有的乡村条件不具备吸引城里人下乡养老。

---

① 《2035 年左右进入重度老龄化 多部委推动高质量养老》,《中国经营报》2022 年 9 月 26 日。

老年人在城市里是一个纯粹的消费者，但通过户田产与乡村的土地相结合，城市里的老年人不仅可以通过劳动获取食物，还可以通过劳动锻炼自身，对老年人的身心健康很有好处，他们通过劳动获得劳动价值和生命意义。

由于户田产庭院内有一块"田"，一是"田"的面积不大，农活不多；二是就近就便劳动，所以总体劳动量不大。在户田产庭院里劳动，既可以锻炼身体，又不会过分消耗体力，具有养生功能。

我们常说"小隐隐于野，大隐隐于市"，隐居生活不一定要到林泉山野，高层次隐居生活完全可以在都市繁华之中，闹中取静，独善其身，于繁华喧闹之中获得内心的安宁和自我身心的修炼，这是一种值得提倡且具有可行性的老年归隐、老年隐居、老年养生。户田产关起门来内部有田有园，打开大门外不远就是繁华都市，既有"野之小隐"功能，又有"市之大隐"功能，兼具"小隐""大隐"双重便利功能。

儒道互补，外儒内道，是中国古代具有高智慧的知识分子的特征。孔子在形而下的低纬度层面阐述家庭伦理和社会秩序，老子在形而上的高纬度层面阐述自然万物规律和人生智慧。中国古代具有高智慧的知识分子一般都会汲取二者的精髓集于一身，能够做到"子所言者，其人与骨皆已朽矣，独其言在耳。且夫君子得其时则驾，不得其时则蓬累而行"①，达则兼济天下，退则独善其身。户田产可以为中国退休的政商人士找到归隐和隐居的去处。国家可以为一生清廉的官员，根据其职级在其退休后通过市区的周转

---

① 司马迁在《史记·老子传》中记载，孔子曾问礼于老子，老子说："君子得其时则驾，不得其时则蓬累而行"。后来，孔子对弟子颜回说："用之则行，舍之则藏。"意思是，时机来了，则发奋有为；时机不到，则韬光养晦。道家的处世观，既出世，又入世，是出世还是入世，要选择时机，待机而动。"时"，指的是机遇，即客观条件是否具备。

房、保障性分房进行自由选择,可退换为乡村的户田产。

### 九、促进人口长时期可持续均衡发展

马克思曾经指出:人口是"全部社会生产行为的基础和主体"。① 对此,恩格斯在《家庭、私有制和国家的起源》一书中更明确地指出:"根据唯物主义观点,历史中的决定性因素,归根结底是直接生活的生产和再生产。但是,生产本身又有两种。一方面是生活资料即食物、衣服、住房以及为此所必需的工具的生产;另一方面是人自身的生产,即种的繁衍。"②

根据恩格斯上述两大生产理论,人类社会生产分为物质生产和人口生产,二者互为基础、前提和条件,物质生产是人口生产的基础、前提和条件,对人口生产有决定性的影响和意义。反过来,人口生产又是物质生产的基础、前提和条件,对物质生产同样有决定性的影响和意义。

关于人口生产对物质生产具有决定性的影响和意义,毛泽东同志说过一段名言:"世间一切事物中,人是第一个可宝贵的。在共产党领导下,只要有了人,什么人间奇迹也可以造出来。"③

从以上马克思、恩格斯、毛泽东对人口的论述可以看出,人口是社会的基础,是一切生产的前提条件,"只要有了人,什么人间奇迹也可以造出来",但若没有了人口,什么都无法创造出来,什么都无从谈起。

自有文字记载的人类文明诞生以来,中国人口一直雄踞世界

---

① 《马克思恩格斯文集》第8卷,人民出版社2009年版,第24页。
② 《马克思恩格斯全集》第28卷,人民出版社2018年版,第2页。
③ 《毛泽东选集》第4卷,人民出版社1991年版,第1512页。

第一，在古代数千年时间里，中国人口在全球人口中占比达到三分之一，近代以来中国人口占比下降到四分之一，今天中国人口在全球人口中占比约19%，已经低于五分之一的比例。

2020年我国第七次人口普查数据表明，我国总和生育率仅为1.3，低于高收入国家平均水平，成为世界生育率最低的国家之一。2021年人口增长率为0.34‰，65岁及以上人口比重为14.2%，中国人口进入"少子老龄化"阶段。人口老龄化是人类人口发展的必然趋势，也是人类人口发展的必然规律。但是过快的少子化与过快的老龄化叠加一起，人口失去均衡，就会出现严重的人口问题。

目前我国农村有三千万男性无婚光棍，城市青年在高房价压力下"躺平"、不婚、丁克，我国人口确实存在结构性失衡的风险，人口长期可持续均衡发展问题已经提上议事日程，到了不得不面对、不得不想办法解决的时候。

从世界范围看，在市场经济的激烈竞争环境下，工业化、城市化成就越高的国家，生育率越下降。2021年韩国生育率已经降至0.81，进入了所谓的"生育地狱模式"[①]；日本生育率在国家的大力鼓励下2021年也只有1.3。

一个国家要维持人口不增不减需要生育率2.1，即平均每个育龄妇女生育2.1个孩子才能维持人口的基本平衡。纵观世界各国人口，在市场化、城市化、工业化裹挟下，中下层社会群体生育率越低。

---

[①] "生育地狱模式"，是一种网络用语，指在严酷的生存竞争中高房价、就业难、低收入共同产生的高生存压力导致婚龄男女不愿意结婚和生育，整个社会生育率极低，生育率跌至谷底，陷入"低生育陷阱"。

原因在于,低薪、失业、通货膨胀、生活高压力(房子、教育、医疗、养老)使维持人口再生产的生存环境恶化,许多家庭承担不起孩子的抚育、教育、购房、结婚等一系列的开支费用,即使想生孩子,也无力生孩子,不敢生孩子。

2016 年中国人口净增长还维持在 809 万人的高位,但到了2017 年人口净增长就降至 737 万人;2018 年人口净增长降至 530万人;2019 年人口净增长继续降至 467 万人;2020 年人口净增长再降至 204 万人;2021 年人口净增长陡然降至 48 万人。中国人口增长出现断崖式下降,由以往多生多育的"天下第一难",来了个一百八十度大转弯,变成了少生少育的"天下第一难"。中国人口政策一再及时调整,从 20 世纪 80 年代开始的"鼓励一孩"到 2011年 11 月实行"双独二孩",到 2013 年 12 月放开"单独二孩",再到2015 年 10 月放开"全面二孩",2021 年 5 月 31 日调整到"全面三孩"。但是,国家生育三孩的政策放开了,社会上生育三孩的意愿却没有了。中国"90 后""00 后"的年轻人普遍对结婚生育感到压力巨大,中国的人口问题已经不再是多生多育的难题,而是转换成少生少育的难题。

如何破解中国人口少生少育的难题呢?

假若我们设计出一种新的经济概念,在这种新的经济概念下老百姓逐步摆脱了市场经济的压力,可以轻轻松松生养三个孩子,那么,中国人口少生少育的难题就可以得到解决。

户田产就是这种可以解决人口少生少育难题的新的经济概念。笔者在提出户田产新概念之初,一个重要的思考维度,就是要通过经济模式的创新来破解我国日趋严重的人口失衡难题。首先,户田产通过农村土地金融化的"三变改革"来实现农民家庭收入增长的问题,在基本家庭收入增长的同时还获得新的就业机会,这样有利于城市农民工回流农村,在农村生儿育女。其次,户田产吸引城市青年回流农村发展。由于户田产的相关产业,会把很多城市的行业引入乡村,青年的就业和生活也会多一些选项,乡村的工作生活会极大地释放城市青年的生存焦虑。最后,户田产产业建设基本保障了工作生活所需,只要人员回流了,下一步就能产生人口增长的效果。

## 十、有利于青少年劳动教育

### 1. 劳动创造价值

生产劳动是人类最基本、最普遍的活动形式,在人类文明进步和经济发展中发挥了十分重要的作用,人类文明史在一定程度上就是一部劳动发展史。

马克思主义认为,生产劳动是人区别于动物的一个根本特征。1845 年秋至 1846 年 5 月,马克思和恩格斯在《德意志意识形态》中写道:"一当人开始生产自己的生活资料,即迈出由他们的肉体组织所决定的这一步的时候,人本身就开始把自己和动物区别开来。"[1]

生产劳动不仅发展着世界,而且创造了人类自身,恩格斯在《自然辩证法》中提出"劳动是一切财富的源泉。其实,劳动和自然界在一起才是一切财富的源泉,自然界为劳动提供材料,劳动把材料转变为财富。但是劳动的作用还远不止于此。劳动是整个人

---

[1] 《马克思恩格斯选集》第 1 卷,人民出版 2012 年版,第 147 页。

类生活的第一个基本条件,而且达到这样的程度,以致我们在某种意义上不得不说:劳动创造了人本身。"①

生产劳动是创造价值的唯一源泉,人民群众是物质财富和精神财富的创造者,教育要与生产劳动紧密结合。马克思在《资本论》中指出:"未来教育对所有已满一定年龄的儿童来说,就是生产劳动同智育和体育相结合,它不仅是提高社会生产的一种方法,而且是造就全面发展的人的唯一方法。"②

马克思把对未来儿童的教育提高到"造就全面发展的人的唯一方法"的高度,主张"生产劳动同智育和体育的结合",对我们高度重视少年儿童的教育非常具有指导意义。

### 2. 户田产有利于青少年劳动教育

唐代颜仁郁在《农家》中写道:

半夜呼儿趁晓耕,羸牛无力渐艰行。

时人不识农家苦,将谓田中谷自生。

唐代颜仁郁《农家》诗中的"半夜呼儿趁晓耕,羸牛无力渐艰行",后有南宋范成大《夏日田园杂兴》诗中的"童孙未解供耕织,也傍桑阴学种瓜"、南宋杨万里《宿新市徐公店》诗中"儿童急走追黄蝶,飞入菜花无处寻",都说明乡村田园生产和生活对少年儿童有劳动教育功能。

我国著名的教育家陶行知曾提出"生活即教育"的教育理论。1926 年 12 月,陶行知在上海一个关于乡村教育的谈论会上演讲中说:"中国向来所办的教育,完全走错了路:他教人离开乡下向

---

① 《马克思恩格斯选集》第 3 卷,人民出版社 2012 年版,第 988 页。
② 《马克思恩格斯文集》第 5 卷,人民出版社 2009 版,第 556—557 页。

城里跑,他教人吃饭不种稻,穿衣不种棉,盖房子不造林。他教人羡慕奢华,看不起务农。他教人有荒田不知开垦,有荒山不知造林。"[1]"我们主张生活即教育,要是儿童的生活才是儿童的教育,要从成人的残酷里把儿童解放出来。"[2]

既然"生活即教育","要从成人的残酷里把儿童解放出来",我们就需要找到一种行之有效的教育方式,这种行之有效的教育方式实际上就是上述马克思、恩格斯一再强调的劳动教育。

我国教育部门也非常重视劳动教育,把劳动教育作为我国青少年德、智、体、美、劳五大教育内容之一,更是专门设置了劳动教育的课程和教材,希望通过劳动教育,使学生树立正确的劳动观点和劳动态度,养成劳动习惯,热爱劳动和劳动人民。

但是我国城市里长大的少年儿童缺乏农村生产和生活经历,没有到劳动场所锻炼的机会,农业知识和劳动锻炼经历几乎为零,这是他们成长过程中和人生经历中的一大缺陷,要弥补这一大缺陷只有让他们回归田园,让他们亲自在田园中生活过、生产过才行。

户田产让城市里的每家每户在乡下有一块农田,就可以让城市里的少年儿童获得乡村里劳动教育和劳动锻炼。少年儿童是祖国的花朵,是中华民族的未来,户田产所具有的少年儿童劳动教育功能,是一种非常有价值的功能,值得我们重视。

---

① 李镇西:《重读陶行知》,四川人民出版社 2022 年版,第 67 页。
② 胡晓风:《陶行知教育文集》,四川教育出版社 2007 年版,第 227 页。

# 第五章　新型集体经济与户田产综合体基本框架设置

新型集体经济与户田产综合体是一个由新型集体经济与户田产两大要素复合集成的综合型开发项目,在该综合体开发建设过程中,把壮大集体经济放在优先考虑位置,让发展户田产始终服从和服务于发展集体经济。在新型集体经济与户田产综合体的设置构想中,有一个最主要的考量,那就是在政治方面始终与党中央保持高度一致,以党的二十大报告和中央"一号文件"为基准、为指针,以落实党中央全面推进乡村振兴战略为目的。在这个最主要的考量之后,始终应当遵循的有一个"三不"原则,即不侵害农民的利益、不削弱集体经济、不触碰18亿亩耕地红线。在此"三不"原则下,尽量激活乡村各种生产要素,畅通城乡要素双向流通,注重生态经济和生态文明建设,尽量整体推进、一步到位,兼顾深化农村改革措施,同时把生物战防御纳入考量范围。

## 第一节 新型集体经济与户田产综合体
## 设置的基本原则

### 一、统筹兼顾"四条链"构建生产—消费良性循环体系

#### 1. 供需链

供需链指考虑项目有什么,市场需要什么,在尊重市场基本规律的前提下相结合,进行新型集体经济与户田产综合体的规划设置。

供:户田产综合区的供给,最本质、最重要的就是农产品及其衍生产品,其次是满足农业生产的土地、气候、产品、政策、人才等软硬件资源的供给。

需:满足两类人的需求,一是村里人,即本地村民和拟长期在乡村工作生活的新村民,满足其在新型集体经济与户田产综合体内生活配套与社会福利的基本需求;二是城里人,满足其对安全、健康、高品质农产品和乡村田园生活方式的消费需求。

根据供需的不同,户田产的开发要有所区分。一是零星开发,比如城内、城郊的户田产开发,可以利用城市已有的配套设施保障供给,比如已有的银行、医院、养老院、幼儿园、小学、超市、药店、购物中心、加油站等,因为距离配套设施的物理空间近,所以不需要耗费大量成本来建立完整的新配套设施,只需在开发时考虑一些必须增加的配套即可。二是综合开发。在距离城市或集镇较远的偏僻乡村,缺少配套的生产和生活服务设施,在进行户田产开发时

需要进行完整型、标准型的综合开发。在进行综合开发框架设置构想时,需要考虑居民的多方面需求,构建一整套的服务设施,以方便居民生活。

新型集体经济与户田产综合开发类型大致可设计和设置成九种类型:(1)城内型;(2)城郊型;(3)山区型;(4)平原型;(5)偏远型;(6)丘陵型;(7)景区型;(8)康养型;(9)林业型。

这九种不同的类型应当针对各自不同的具体情况,一个项目一套方案,并应当由专业的设计院来综合设计和设置。一则有利于对新型集体经济与户田产综合体的开发建设进行学理性阐释和论证;二则有利于以后对新型集体经济与户田产综合体的开发建设进行试点和实验。

### 2. 利益链

利益链需要考虑哪些是新型集体经济与户田产综合体的利益相关人以及哪些涉及利益分配问题。

(1)主体。

需要协调地方政府、开发主体、合作企业、当地村民、目标客户群五个主体关系,实现五大项目主体之间核心利益诉求的平衡。

(2)利益。

新型集体经济与户田产综合体的开发项目顺利落地和运营,需要关注以下利益层面:

一是地方政府,需要重点关注包括经济效益(最显性的数据就是能拉动多少 GDP 增长)、社会效益(能有效解决"三农"问题,让当地村民脱贫增收致富)、生态效益(能维护和提升当地的生态环境)。

二是开发主体,作为综合体的操盘手需要重点关注钱从哪里来,投到哪里去,钱怎么生钱,快钱、慢钱之间的关系如何平衡,投资回收周期有多长等。

三是开发商企业,一方面需要考虑由专业的机构、专业的人才做专业的事情,以保证项目的质量;另一方面需要考虑由国企把关,避免民间企业的肆意操作,由于户田产涉及农村土地的确权和利益转移分配,只有国企介入把控,才能避免在关键利益上维护农民的利益。

四是当地农民,需要通过生产、生活、生态来解决"三农"问题,并以完善的利益联结机制,为自身提供就业、分红、租金、创业等多渠道的收入来源。

五是目标客户群,在个性化、高端化的消费趋势与乡村旅游趋势下,需要在产业与业态设计上提出不同的核心消费诉求,如劳动、休闲、康养、隐居、养生等。

### 3. 产业链

产业是户田产综合区的核心所在,也是形成自我造血功能的关键点,最终转为产品,从而创造利润。

从产业层面讲,在产业链构建上应以户田产概念中提出的几大产业为导向,包括户田产的建设、销售、运营与维护等全流程,打通产业链上中下游,并与旅游、教育、健康、体育等产业广泛融合,实现全产业链聚集,形成新型集体经济与户田产综合体的产业链结构。

从产品层面讲,产业最终需要转化为产品/商品,基于户田产的绿色食品、多元结构农业产品的生态圈,开发健康农产品及衍生产品、乡村休闲农业旅游产品、乡村旅居康养度假产品等都可以作为一个方向，也可以根据未来的农业新材料，进行统筹规划种植，比如中国林业集团旗下的"竹缠绕技术"系列产品，竹缠绕复合材料具有质量轻、拉伸强度高、韧性好，资源可再生及综合利用、耐腐蚀、保温隔音性能好、阻燃、抗风抗震、使用寿命长、成本低等优势，可加工制作成竹缠绕复合管、竹缠绕管廊、竹缠绕整体组合式房屋、竹缠绕军工产品、竹缠绕高铁车厢等产品，在市政、水利、建筑、交通、石油化工、海洋、航天、国防建设等领域具有广阔的应用前景。户田产只要规划得当，并不断升级产品业态，推陈出新，就能构建起适应现代生活需要的综合性产品体系。

### 4. 运行链

首先，运行链是解决怎么去做的问题。统筹发展新型集体经济与户田产综合体是一个庞大而复杂的工程，需要有顶层统筹规划、整体布局、提质升格、一步到位，呈现综合体发展的宏伟蓝图，形成可操作、可持续运营、可盈利的整体指导性方案。

"通盘考虑"，指在新型集体经济与户田产综合体的开发建设过程中，既要考虑农村集体经济利益，又要考虑户田产开发商的利益，还要考虑每一个村民的利益和每一个购买户田产客户的利益，另外还要考虑近期利益与长远利益相结合。只有做到统筹考量，才能做到综合平衡。

"整体布局"，指在新型集体经济与户田产综合体的开发建设过程中，不仅要布局户田产，而且要布局整个开发区内村民集体的大片田地和集中住地，以及综合体内的各种生活服务便利设施。对于分散的一家一户的户田产而言，户田产的户数布局多少，每户占地面积多少,需要有一个综合考量和统筹规划;对于开发区内村民集体的大片田地和集中住地来说,更是需要合理布局。另外,对于开发区内的各种生活服务便利设施,其建筑面积的大小、楼房的高矮、空间的布局、各部分的组合等都需要纳入整体布局之中。

"提质升格",指在新型集体经济与户田产综合体的开发建设过程中,注重质量和品质,相对于原有的乡村状况,已经建成的新型集体经济与户田产综合体要在社区面貌、格局样式、生活便利程度等各个方面有整体的提升,要完全改变过去乡村出现的杂乱、无序、落后、凋敝状态,让新型集体经济与户田产综合体成为一个崭新的小城镇,其状貌和样式应得到一次飞跃,具有更高层级的质量、品质和格调。

"一步到位",指通过新型集体经济与户田产综合体的开发建设,把我们想要的那种未来农业农村现代化的样子,一次性布局到位。

一是新型集体经济与户田产综合体内部的现代化的大农业,因为在户田产综合体社区的规划中,通过"拆院并院"和预留的集体农田(公田)区域,指户田产院内田之外的公田会集中起来大片农田,也可以通过上文曾提到过的城市楼房模式的户田产设计方案,令小农田合并为大片农田,这些都是规划设计问题。因此,完全可以采用欧美现代化的大型机械进行作业,做到一步到位。

二是新型集体经济与户田产综合体内部的现代生态农业,可以一次性地从每家每户的户田产到集体大田全部推行,做到一步到位。

三是新型集体经济与户田产综合体内部的各种生活便利服务设施一次性建成,做到一步到位。

四是新型集体经济与户田产综合体内部的村民集中居住的安居房一次性建成,做到一步到位。

其次,运行链在运营管理方面需要注意以下两点:一是需要专业的人做专业的事,需要有项目人才和产业人才团队;二是要通过"统一的品牌、技术、标准、生产、管理、市场、渠道、组织""八统一",实现项目和周边资源的整合和管理,以保障农产品品质和生产管理效率。

最后,运行链除了运营管理方面,还需要实现对资金链的保障。户田产,说到底还是农业资源型地产项目,从固定资产角度看有投入高、回报高的特点,从农业产品角度看有投入高、回收慢的特点,因此需要保障资金链不断裂,完善资金结构,包括众筹合作、社会资本、低息无息贷款和政策资金配比等。

以上供需链、利益链、产业链和运行链"四个链条"要统筹设置,在新型集体经济与户田产综合体内部与外部以及与城市之间形成生产—消费良性循环体系,促使生产和消费向着越来越好的方向发展,使之具有可持续性和长久生命力,推动农业农村城乡绿色经济发展,促进人与自然和谐共生,助力打造城乡一体化的现代经济体系和城乡一体化的统一大市场,有力地推动现代化进程。"四个链条"统筹设置,使生产—消费体系实现良性循环,是在新型集体经济与户田产综合体的开发建设过程中始终需要遵循的基本原则。通过对新型集体经济与户田产综合体"四个链条"和生产—消费循环体系的通盘考虑、整体布局、一并设置,实现乡村整体建设提质升格和一步到位。

### 二、公私并举不断加强农村集体经济

在户田产基本框架设计与设置过程中,首要的基本原则就是公私并举,不断加强农村集体经济,要把"公"字摆在首位,要"公大于私"。在新型集体经济与户田产综合体设计设置过程中,需要做到"公私并存,公私并举",把现在乡村单纯的家庭联产承包责任制(私有制)改造成农村集体大片耕地(公有制)与户田产(私有制)同存并举的新格局。在新型集体经济与户田产综合体的开发建设过程中,始终要把发展农村集体经济放在突出位置,农村集体经济只能加强不能削弱。

这里所说的"公私并举"之"公",指的是新型集体经济。在新型集体经济与户田产综合体内部,新型集体经济应当占主导地位,其主要分为两大板块:

(1)公有耕地(大片田地)。在新型集体经济与户田产综合体的开发建设过程中,需要把每家每户承包的土地重新收回到村集体,实现新一次的集中和统一,而后由村集体拿出其中一半或三分之二的土地用于开发户田产,另外一半或三分之一的土地交给村集体,由全体村民共同所有。全体村民共同所有的"大片"耕地,统一采用现代化的耕作方式,一步到位地实现农业现代化。田归大片,大片耕作、大片经营、大片管理,以此构建新型集体经济雏形,对新型集体经济的力量要予以强化而不是予以削弱。

(2)公有股份。每一个新型集体经济与户田产综合体在其开发过程中要成立一个独立的综合开发股份公司,村集体以土地入股,占比一般为30%—50%,股份比例较大。这部分股份由村集体全体村民共同占有,人人有份。

以上公有耕地和公有股份两大板块,构成新型集体经济的主要内容,新型集体经济在经过新的构建之后,可以不断增加新的因子、因素、要素,以不断发展壮大。这两大板块带有"公"字意义的新型集体经济是新式的农村集体经济,它因有公有耕地和公有股份而变得真实起来,成为具有实质内容的真正的农村集体经济。因此,在新型集体经济与户田产综合体的开发建设过程中,农村集体经济肯定不会受到削弱,反而会更加巩固和加强。

"公私并举"之"私"指的是户田产。户田产客户是"外来户",不是本地人、本村人,主要是来自城市市民中先富起来的一批人和属于"中产阶层"的白领。他们有较高的收入,有较多的积蓄,既支付得起购买户田产的首付款,也支付得起后续的分期付款。户田产如房地产一样,通过建立全国户田产统一市场交易平台,能够以票证化的方式对户田产这种农业资源型资产进行确权,使其成为属于家庭财产的一部分。所以,属于"公私并举"中的"私"。

"公私并举",指的是以"公"的面目出现的农村集体经济和以"私"的面目出现的户田产,二者共同存在于一个新型集体经济与户田产综合体之内,二者同存并举、共同发展。

在农村集体经济和户田产同存并举、共同发展的过程中,要优先发展农村集体经济,壮大农村集体经济。农村集体经济与户田产综合体开发商之间的股份比例如何分配,村民集体以土地入股之后,到底占多少股份,是与综合体开发商对半开,各占50%的股份,还是三七开、四六开,对此,需要在试点和实践中摸索,不断寻找,最终应当找到村民集体与综合体开发商之间"黄金分割比例"或最佳平衡点。在整个综合体开发过程中,如果户田产开发商赚得盆满钵满,但村民集体受损或吃亏,这种户田产开发商"单赢"的现象应当予以杜绝,应当走户田产开发商与村民集体"双赢"之路。

农村集体经济在新型集体经济与户田产综合开发过程中要逐渐加强。这是户田产设计必须遵循的五大基本原则中的首要原则,要始终贯穿在新型集体经济与户田产综合体的开发建设过程中。

### 三、克服中国社区结构缺陷并培育居民公共意识

**1. 我国社区缺乏公共的活动空间与公共活动**

20 世纪人民公社时期,农村生产队的打谷场(即麦场和稻场)、仓库作为公共活动空间,有文娱活动、忆苦思甜、开会议事、政治学习等公共活动,这对培育人们的集体主义意识有相当大的促进作用。但家庭联产承包责任制实行以后,我国农民又回到解放前一家一户的单干模式上,打谷场、仓库等公共活动空间已不复存在,原有的一些公共活动也随之消失,中国乡村已无太多公共活动空间和公共活动。

在农村,家族祠堂作为宗法家族公共的活动空间,只在祭祖、族训、开家族会议时使用,一年难得使用几次,并且面积小,不能作为整个家族的公共活动空间来使用,它的功能实际上只相当于一个家族会所。家族内各个小家庭的活动,比如送往迎来、婚丧嫁娶、红白喜事等都由各家各户独自举行。

在城市社区,要组织一项活动也非常难,一般要由基层行

政组织(一般是居委会)协调很多环节才能勉强组织起来,原因就是缺乏公共活动空间,居民缺乏参与公共活动的意识和能力。

**2. 户田产方案设计中必须克服中国社区结构缺陷,培育居民公共意识和公共道德**

在新型集体经济与户田产综合体的开发建设方案设计中,要有意设置公共活动场所,有意设计各种公共活动,让各种公共活动得到培育和发展,借以培养新型集体经济与户田产综合体内社区社员的公共意识和公共道德。

公共活动要具有公益性、教育性、广泛性、志愿性、荣誉性。

公益性,指新型集体经济与户田产综合体内社区公共活动的参与是免费的,参与者只讲奉献,不图回报。

教育性,指新型集体经济与户田产综合体内社区公共活动对参与者和社区社员都具有教育作用,都能够达到培养社区公共意识的目的。

广泛性,指新型集体经济与户田产综合体内社区公共活动能够得到社区社员的广泛参与,男女老少都能够参与,其参与面和受众面都具有广泛性。

志愿性,指新型集体经济与户田产综合体内社区公共活动属于志愿服务活动,参与者都是志愿者,都是乐于奉献者。

荣誉性,指新型集体经济与户田产综合体内社区公共活动能够给参与者带来社会荣誉和荣耀,属于精神鼓励、精神收获和精神满足,使参与活动者获得精神补偿和心理快感。

通过具有公益性、教育性、广泛性、志愿性、荣誉性的公共活动,培育社区居民公共意识和公共道德,以此克服中国社区存在的公共意识和公共道德缺乏的结构性缺陷。

### 3. 户田产要借鉴城市社区的治理模式

一是行政引导型模式。这种模式主要以政府的指导为主,对行政力量的依赖度较高,政府组织是社区治理的主体,行政管理手段是社区治理的主要方式。

二是自治型模式。这种模式的社区通常设置了社区决策机构、执行机构、监督机构。政府将社区管理的有关职责交给社区,然后用法律和制度来规范社区的运行机制,以一种间接协商的方式对社区事务进行管理,社区居民和社区组织在社区治理中发挥核心作用。

三是合作型模式。这种模式试图构建一种社区自治系统与政府行政系统的共生机制,政府对社区的干预较少,在培养、指导社区组织的过程中逐渐将管理职责让位于社区居民与社区组织。

四是企业主导型模式。这是一种物业管理公司在社区治理过程中发挥突出作用的模式。这种模式一般出现在资质、品牌、服务质量和企业形象都较好的物业管理公司管理的商品房小区。物业管理公司承担社区管理和服务的主要职责,社区居民也乐于接受物业管理公司的安排,积极参与社区公共事务的管理和各种社区活动。

## 第二节　基本框架设置（完整型与标准型）

### 一、生态化生产与公司化营运设置

#### 1. 生态化生产设置

我国农业农村现代化是人与自然和谐共生的生态型现代化，走生态经济、绿色 GDP 和绿色 GEP 之路。发展生态农业，创建生态文明，是户田产基本框架设计中的一个重要设置。

由于户田产内每家每户自种自食、自产自销、自给自足，每家每户在自家的庭院内会自动走向生态农业之路。但在新型集体经济与户田产综合体内部，作为一个大的综合开发单元，户田产的规模有数百户乃至上千户，这就需要对新型集体经济与户田产综合体的开发建设提出统筹的规划和统一的要求，以确定统一的规则秩序。

统一要求和规则中的重要一条，是所有的生产环节必须生态环保。除了一家一户的户田产之外，一个大的新型集体经济与户田产综合开发单元内还有当地村民集合起来的集体田园，村民集体田园需要有统一的生态生产制度，以加强制自身的约束和规范，以便与一家一户的户田产的生态生产相匹配、相一致。因此，生态生产设置在户田产基本框架设计中必须单列出来，不可或缺，并且要放在生产环节的首位。

### 2. 公司化运作设置

在乡村中进行新型集体经济与户田产综合体开发建设,必然涉及向农民征地问题。根据目前中国的法律制度,除了村集体的建设用地可以直接经营化入市以外,其他土地,包括宅基地和耕地都不可以通过土地市场进行自由买卖,这就使新型集体经济与户田产综合体开发商无法从农民手中直接购买土地用于户田产的综合开发。

依照现行的法律,直接把农村土地入市确定产权的难度较大,需要有一个发展历程。因此,要避免违反我国土地法,顺利推进户田产的综合开发,目前唯一可行的方式是把所在地村民的土地折算成股份,让所在地村民以"土地股份"或"票证化"的形式入股,成立一个新的股份公司,统一规划,统一开发。这样一来,所在地村民的土地就不需要在市场上通过交易和买卖转入开发商手中。以村集体的土地入股,全体村民成为股民,村集体的土地资源变成土地股份,这符合国家"三变改革"(资源变资产、资金变股金、农民变股东)的要求。由此既符合土地法的要求,又可达成"三变改革"的目的。

一个大的新型集体经济与户田产综合体,其本身就是一个新的股份制公司、公众公司,村民以土地入股,开发商以资金入股。双方各自的股份比例怎么划分,各占多少,可依据市场的土地价格协商,比如出资方与村民集体各占50%的股份比例,按照此股份比例进行注册登记,创建一个股份公司,这类出资方还需是国企和民企的混改类型,以便坚定保障农民的利益不动摇,能够把握分寸和全局。

## 二、总体结构设置

### 1. 新型集体经济与户田产综合体土地用途设置成三个区块

一个大的新型集体经济与户田产综合体,其土地用途设置成三个区块:(1)村民集体耕地;(2)开发区公共建设用地;(3)户田产用地(建房用地与院内耕地)。

(1)村民集体耕地。当地村民即户籍所在地的村民,他们共同拥有的集体耕地,属于全体村民集体所有。户田产在开发过程中,需要把所在地村民联产承包的土地重新集中起来,从中要分割出一部分土地作为集体建设用地和户田产用地,用于户田产的综合开发。其余的耕地预留为集体耕地。没有村民参与的乡村振兴不叫乡村振兴;没有农民集体的振兴,不叫乡村振兴;没有农民自己的振兴,不叫乡村振兴。所以,集体耕地必须保留,用于全体村民公有共享。

(2)开发区公共建设用地。集体建设用地包括四个部分:①公益事业用地;②公共设施用地;③农村居民住宅用地;④商品房开发用地。

(3)户田产用地(建房用地与院内耕地)。用于开发户田产的土地,这一部分土地需要占用耕地,但占用的耕地在占用之后还是用作耕地,并不挪为他用,土地的耕地性质没有改变。但是建房占用的一部分土地的来源如何解决? 首先,农村的土地分为宅基地、承包经营地(仅限农用)和农村集体经营性建设用地这三类,一个农村,根据当地的土地实际情况,比如哪一个片区适合建房,哪一片区适合改造成高标准良田,哪一片区又适合作为商业综合体和其他功能的宅基地,经过法定程序,当地政府可以进行调整和重新规划。解决土地来源,目前有三种途径:一是农村集体经营性建设用地。作为国家鼓励入市的农村土地类型,主要用于建设户田产"房"的部分是比较合适的。二是农民现有的宅基地用于集中居住。前文提到,户田产所对应的田,除院内田外,还能新增对应一部分近距的农民所有的宅基地或耕地,相当于城市家庭投资户田产后,除了户田产所带的"田",还与农民家庭结对,参与农民家庭所有的"田"的建设与收获,以结对式先富带动后富。而农民用于自住的宅基地区域,可以依法重新建设或根据法定程序变更土地性质,使建成相对密集但优化生活空间的平房区或较高楼层的洋房,这些房屋的主要功能除了城市投资者与农民的居住和安置,还发挥着"种田"工作站、仓储站、休息站等作用,这能大大节约出土地,可以拿来用于户田产社区的开发。三是户田产本身蕴含人工造田功能,并且是户田产最具特色的功能,就应当充分发挥户田产人工造田功能的作用,使之最大化。除了改造荒山和无用荒地为优质良田外,还有一种最大化的方法是在户田产的房顶上增建一层人工造田,即"上田下房",包括停车场、庭院都可以凌空建田,上面是庄稼田,下面是停车场、庭院的空地。上述提到的这种方案,实际上是未来建筑设计师们研究的问题。

**2. 新型集体经济与户田产综合体内公私耕地划分比例**

上述村民集体耕地与户田产内的耕地,各占多少比例,应当由开发商与所在地的村民集体一起讨论,在双方平等的基础上相互对等谈判,共同友好协商。

双方各占多少比例,是各占50%,还是村民集体耕地占40%,户田产耕地占60%,还是把更多土地用于综合开发,实行三七开,即村民集体耕地占30%，户田产耕地占70%，对此需要反复研讨、反复论证，找到合理的平衡点，在后面的章节中笔者会深入进行探讨。如果村民委员会同意，三分之二的村民投票通过，也可以进一步扩大户田产占有的耕地比例，实现二八开，即村民集体耕地占20%、户田产耕地占80%。

一般而言，新型集体经济与户田产综合体如果靠近城市，村民可以就近到城市打工，城郊工厂和公司也比较多，就业机会比较多，可以较少保留村民集体耕地。如果新型集体经济与户田产综合体离城市比较远，村民在城市打工的机会少，主要靠农田收入，村民集体耕地占比应当较高。

**3. 新型集体经济与户田产综合体内住房设置**

（1）村民高楼。为了节省土地，用于新型集体经济与户田产综合体的开发建设，村民需要拆院并院，集中上高楼或相对密集的平房区，农村土地尤其是宅基地会大大节约，节约出来的土地可以重新规划使用，用于新型集体经济与户田产综合体内的其他用途。

（2）康养公寓。村民上高楼居住后，节约出来的土地拿出一部分，用于修建商品化的康养公寓。

新型集体经济与户田产综合体内的所有食物生产全部生态化、绿色化、环保化，没有任何污染和毒副作用。所以，可以吸引城市退休老人到新型集体经济与户田产综合体购买康养公寓，用于乡下居住和养生养老。

虽然购买康养公寓的城市退休老人没有像邻近的户田产居民那样拥有一块耕地，但由于新型集体经济与户田产综合体内村民集体和户田产居民生产的食物属于绿色环保且产量过剩，购买康养公寓的城市退休老人可以从他们手中购买绿色食物,康养老人完全不需要自己去亲自种植生产。康养公寓,是新型集体经济与户田产综合体获取经济收益的一个重要渠道。

(3)户田产住房。户田产是新型集体经济与户田产综合体内的主角,是抬高新型集体经济与户田产综合体内土地价值的主力军。售卖户田产,是新型集体经济与户田产综合体在其开发过程中最主要的一项经济收益,是最初的收入来源。

**4. 新型集体经济与户田产综合体内设置公用商业服务中心**

新型集体经济与户田产综合体内要设置一个公用商业服务中心,也就是商业广场,此公用商业服务中心紧邻村民集体高楼大厦的旁边,把幼儿园、小学校、养老院、银行、医院、购物中心、影视城、体育馆、运动场、美食街、广场、公园、汽车修理厂、加油站、医药店、理发店、美容店、美甲店、修理店、干洗店、制衣店、洗车店等全部集中在一起,统一布局,精心设计,实现多功能综合集成。一则充分利用物理空间;二则方便居民购物、消费和生活;三则在最小的物理空间内尽量多地聚集人气。

**5. 把新型集体经济与户田产综合体设置成同心圆结构**

新型集体经济与户田产综合体最好围绕公用商业服务中心和公共活动中心,向外铺展,呈现出同心圆结构。

新型集体经济与户田产综合体的内部核心区域无疑是公用商业服务中心和公共活动中心,在其外围紧接着的是户田产(私田),呈现星罗棋布结构。在户田产外围则是村民集体农田(公田),村民集体农田环绕着户田产。公用商业服务中心和公共活

动中心、户田产（私田）、村民集体农田（公田）三者之间是向心态
势的同心圆圈层结构。其中，村民集体农田（公田）可以有集体粮
园、集体果园、集体菜园、集体林园。

把新型集体经济与户田产综合体设置成向心态势的同心圆圈
层结构，主要目的是为了让居住在新型集体经济与户田产综合体
内较远的户田产拥有者距离综合体中心区域的路程更近一些，让
新型集体经济与户田产综合体显得更紧凑一些。这只是大体而言
的，并且主要是针对河南省、河北省等大平原而言的，实际的情况
因地理环境的不同，会复杂得多。比如在山沟里开发建设新型集
体经济与户田产综合体，受到山脉的影响，就无法呈现出向心态势
的同心圆圈层结构。

### 三、占地规模设置

一个完整的大型新型集体经济与户田产综合体，其占地规模，
可按照 20 平方千米（3 万亩）作为一个开发单元。20 平方千米面
积，若按照圆形面积公式计算，半径只有 2.53 千米，边缘距离中心
点不足 3 千米。若按照正方形面积计算，中心区离边缘也只有
2.25 千米，也不足 3 千米距离。

当然无法做到完全的圆形或完全的正方形。但按照呈现同心
圆结构布局，一个完整的大型新型集体经济与户田产综合体，其边
缘部分距离中心区在 3 千米范围内，距离不算长，从大型新型集体
经济与户田产综合体的边缘到其中心的距离也就 3 千米左右，驱
车几分钟可到达，居住在综合体外围的户田产客户到公用商业服
务中心和公共活动中心购物、消费、娱乐，无论是轿车、电动车，还
是自行车，或用脚步行，在路上花费时间并不多，比较方便和便利，

对从城里到乡村购买户田产的客户而言,生活是比较便利的,与其在城市里的生活比较,便利程度几乎一样,但却拥有新鲜空气、绿色食品、低廉消费和田园乐趣,尤其适合生命力逐渐减弱的老年人,适合其养生、养老和养寿。

一个完整的大型新型集体经济与户田产综合体的占地规模,到底应当多大,值得探讨。这里以20平方千米(3万亩)作为一个开发单元,只是为了说明问题和便于讨论。实际操作中,可以超过20平方千米(3万亩),也可以小于20平方千米(3万亩)。

## 四、所有制与经济性质设置

### 1. 村民集体农田:公田公产,新型集体经济

村民集体农田是公田公产,属于村民集体所有,其性质为通过"三变改革"(资源变资产、资金变股金、农民变股东)而确立的新型农村集体经济。

村民集体农田为全体村民公有共享,分配形式按照"按劳分配"原则,多劳多得,少劳少得,不劳不得。村民集体农田不得转让,不得买卖。对于村民集体农田,可按照股份公司形式,一村一品,发展生态商品,打造村集体品牌。

### 2. 户田产:新型投资品和金融品

户田产属于每一户出钱购买的农业资源型资产,在市场上可转让,可出租,可交易,可买卖,可变现,所有者具有完全的自由处置权。

由于户田产具有可出租、可转让、可交易、可买卖、可变现的特

性,在购买时可以按揭贷款和分期付款,在资产性质上与城市房产完全相同,属于半实体、半虚拟的金融资产,兼有物质实体性与金融虚拟性"双重属性",是投资品、金融品,本身具有增值空间,投资越早,未来获利空间越大。

户田产的物质实体性指户田产的房产和耕地是真实的存在物,是看得见摸得着的物质实体,并且其物理空间是确定性的、恒定性的,不会因为岁月的流逝而增大或缩小。

户田产的物质实体性及其所具有的确定性、恒定性,使之像黄金一样,具有品质稳定性和价值不变性,因而能做到价值存储和资产保值。由于户田产的"田"可用于生产和再生产,具有生生不息的生命活力,其价值将会超过城市房地产,是农业资源型资产。

户田产的金融虚拟性指户田产按揭贷款后的分期还款,属于未来预期收益、未来现金流,是未来的存在物,因而就其现实性而言,具有虚拟性的特点。

### 3. 私人小农户与现代化集体大农业有机衔接

户田产是小农户,是新型投资品和金融品。村民集体农田是集体化、现代化的大农业,是公田公产,是新型集体经济。户田产小农户与村民集体农田的大农业有机衔接,二者相互取长补短,优势互补,可以相互促进,同存并举,共同发展。

### 五、每户面积设置

### 1. 户田产面积以全国人均耕地面积为依据

2021年8月26日,中华人民共和国自然资源部网站发布《第三次全国国土调查主要数据成果发布》一文,以 2019 年 12 月 31 日为标准时点,我国的耕地情况是:"耕地 12786.19 万公顷(191792.79 万亩)。其中,水田 3139.20 万公顷(47087.97 万亩),占 24.55%;水浇地 3211.48 万公顷(48172.21 万亩),占 25.12%;旱地 6435.51 万公顷(96532.61 万亩),占 50.33%。"

19.2 亿亩耕地平均到全国 14.12 亿人口身上,人均约 1.35 亩,相较于 10 年前,我国耕地减少了 1.13 亿亩,平均每年减少 1130 万亩耕地,在耕地不断减少的同时人口还在增加着,所以,我们常说的"人均一亩三分地"的说法,是符合中国实际情况的。设置户田产所占用的土地面积,可以"人均一亩三分地"为参考,围绕着这一参考浮动调整。这样做的目的,是依照土地资源"均占均分"的均产原则,走"均贫富"之路和共同富裕之路。

从土地资源"均占均分"原则出发,土地面积占用越大,售价将会越高,产生的经济价值也会越高,溢价则纳入国库,以此体现土地占有的公平性和均等性。

**2. 四种户田产规模:小户、中户、大户、集体户**

(1)小户(3—5 亩)。

以 3—5 亩为一个户田产单元,设置户田产的小户规模。

距离城区比较近的新型集体经济与户田产综合体,由于土地价值相对较高,一般以小户规模设置和开发为适宜。3—5 亩小户规模的户田产,"田"里种出来的粮食、蔬菜、水果等已经足够 6—8 口之家生存所需。3—5 亩小户规模的户田产适合于工薪阶层、白领阶层,是我国 4 亿中产阶层的选项。

（2）中户（6—10亩）。

以6—10亩为一个户田产单元，设置户田产的中户规模。

中户规模因占地较多，距离城区应相对较远一些。6—10亩中户规模的户田产，"田"里种出来的粮食、蔬菜、水果等更是足够三五口之家生存所需，还会大有剩余。吃不完的粮食还可以养殖国家允许的小型家禽，另外还可以有"半亩方塘一鉴开，天光云影共徘徊"，种莲藕，养鱼、虾、鳅、鳝。过剩的生态食品，不仅可以在户田产综合区中流通，还能寄给自家的亲朋好友。

（3）大户（11—25亩）。

以11—25亩为一个户田产单元，设置户田产的大户规模。大户规模因占地较多，距离城区也应相对较远一些。

11—25亩大户规模的户田产，"田"里种出来的粮食、蔬菜、水果等更是足够自己大家族的人口生存所需，更具有多元生产和特色生产的想象空间，可内置花园、果园、林园、荷花池、养鱼池，可造假山水帘，可移栽千年老树，可为修身养性之所。

（4）集体户（100亩以上）。

以100亩以上为一个户田产单元，设置户田产的集体户规模。

户田产集体户，主要分为同姓宗亲集体户、公司集体户、事业单位集体户，也包括国家出资设置的劳模集体户、干部集体户。相当于疗养、休闲、度假的田园山庄，用于短暂放松和修养。

户田产集体户因占地多，一般应当设置在偏远山区，风景好、空气好，比如已经撂荒抛荒的"无用荒地"或"无人村"。户田产集体户主要用于短暂放松和修养，并不是永久居住，因而不需要幼儿园、小学、养老院等配套的生活服务设施。正因为如此,完全可以单独开发。但每一个户田产集体户应当具备自种自食、自产自销、自给自足的生产生活功能,可在全封闭条件下长期生存下去,主要是为应对疫情和生物战,在疫情或生物战情况下有不依靠外援但能够长期自我生存的能力。

户田产集体户,应当采用定制的方法,独立设计,独立开发。

比如大企业,都应当有自己的户田产,用于奖励公司的元老员工,增强公司的凝聚力、向心力。公司型的户田产集体户完全可以在深山老林或抛荒"无人村"设立,走独立发展之路。

### 六、城乡要素流通与赋能设置

#### 1. 生产生活"五通"要素设置

水、电、路、网、气"五通",要求全通全备,一如发达城市。

#### 2. 消费服务"十有"要素设置

学、医、养、护、购、吃、休、健、乐、油(加油站)"十有",要求全有全备,让生活便利条件逐步达到城市水平。

#### 3. "六化"赋能设置

(1)堡垒化,在规划设计时,就要考虑将来如何应对生物战。户田产相比城市住宅要较为分散,天然有利于应对生物战,但也要在建设前的规划设计期间就考虑将来的隔离、封闭、粮储、水源、医疗等方面的要素设置,以形成一个应对战时特殊条件的堡垒。

(2)城市化,庭院外围水泥硬化、植树绿化,让出行便利,让环境亮化,脚不带泥,一如城市街道。

(3)现代化,整个新社区应是现代化乡村,提升整个区域的智能化水平,把科技元素融入,打造真正现代化的乡村社区。

(4)田园化,庭院经济,就近劳动、健身、养生、养老、养寿。

(5)花园化,大环境繁花似锦,小环境犹如桃花岛、果树园。

(6)生态化,去转基因,采用生态种子,粮、果、蔬、花、草、树、竹、藤,构建小环境多样化生态系统和循环利用系统。

**4.“双全”赋能设置**

(1)“小而全”,指户田产内功能齐全,是全能型小庄园。在全能型小庄园的户田产外面,是“大而全”的全能型大社区、大庄园。

(2)“大而全”,指一个大的新型集体经济与户田产综合体内各种功能齐全,属于全能型大社区、大庄园。在全能型大庄园的里面,包裹着许许多多“小而全”的全能型小庄园户田产,其数量可以是几百户,也可以多到上千户。

**七、户田产类别设置**

**1.城内型**

在户田产综合开发的最初阶段,为了便于弄清楚人工造田的费用和成本,应当在杭州、重庆等市区内有大量无人山区的城市零散地进行户田产开发。城内型户田产适合户田产开发初期的试点阶段。

在市区内零散开发户田产的好处是:可以以中央企业为业务依托,在与客户群体对接成熟后,进行打包式小规模开发或进行整体规划设计后,一户一户地单独启动开发。这样一方面能节约开发成本,避免出现空城现象,另一方面也不需要修建新的生活服务设施,完全可以利用市区内已有的生活服务设施,如医院、幼儿园、养老院等。当然,城内型户田产的造价成本比较高,其价格动辄以亿元为单位计算。一则是地价贵,二则是非常稀缺,这就决定了只有少数富裕之家才购买得起,但随着中国经济的不断发展,此类人群可逐步达到上百万户。

### 2. 城郊型

所有的大、中、小城市的郊区都可以开发户田产,其优势如同城内型户田产一样,不需要修建配套的生活服务设施,可以利用市区内已有的生活服务设施,这就大大减少了户田产开发的成本,同时也可以卖出好价钱。城郊型户田产比较好售卖,适合户田产开发的第二阶段,即正式启动阶段。城郊型户田产对于一部分中产阶层而言,是购买得起的,随着中国经济的不断发展,此类人群可逐步达到上千万户。

### 3. 景区型

我国偏远山区里的景区,存在一个共同缺点:美丽的风景里,无人居住,只有外来人短暂观光,结果是风景区的优质资源没有被有效利用,没有充分造福人类,其优质价值基本处于闲置状态或者荒废状态。

完全可以利用风景区的优质自然资源,在风景区周边开发户田产,人工造田,一则充分激活风景区的潜在价值,二则增加我国耕地面积。当然,在风景区周边开发户田产,在充分利用风景区的稀缺价值的同时,以不破坏或影响风景区的生态环境为前提和底线。

### 4. 山区型

我国是一个多山的国家,山区人烟稀少,自然资源没有被充分利用,处于闲置和浪费状态。可以采用户田产综合开发的方式,在山区人工造田,利用山区环境优美、空气新鲜的自然条件,大力开发户田产。

我国浙江地区,70%是山区,风景优美,但美景之中没有人烟,是一种资源的浪费,这些地方值得人工造田,开发户田产,一则利用好美景造福人民,二则增加浙江省的耕地面积。

### 5. 丘陵型

我国丘陵地区开发户田产有一个优势,就是丘陵地区本身有土壤,人工造田比较容易,只是土壤贫瘠,可以把远处优质的土壤运进户田产社区内,改造土壤,使之优质化和肥沃起来。

在丘陵地区进行户田产开发,一部分地区适合建立新型集体经济与户田产综合体,因为丘陵地区虽然高低不平,但总的来说,适合人工造田,可以建立新型集体经济与户田产综合体。

### 6. 平原型

我国偏远地区,像河南大平原,一马平川,最适合户田产综合开发,可以在大平原上崛起一座座新兴小城镇。当然,这些地方最大的缺点是缺水,户田产的开发必须在解决水源之后才可以进行。若在大平原地区解决不了"水荒"问题,则不适合搞户田产综合开发,这一点尤应引起注意。

平原型户田产综合开发适合于建立新型集体经济与户田产综合体,户田产开发的典型案例尤其是前文所讲的向心态势的同心圆圈层结构综合体,其主要集中地,就在平原地区。未来中国的平原地区将会崛起一座座类似新兴小城镇的新型集体经济与户田产综合体,极大地改变平原地区的面貌。

### 7. 康养型

康养型的户田产综合开发,一般适合于城郊或者环境优美的风景区,其特点是"田"的面积不大,比如半亩地或一亩地,主要种种蔬菜,供养老的老年人自种自食。

随着老龄化和高龄化的加剧,康养型户田产具有巨大的发展前景,对于专门用于老年人康养的户田产来说,并不需要很大的面积,有一亩地左右即可,主要用于老年人自己种植蔬菜,通过轻微劳动修养身体。

### 8. 偏远型

偏远型的户田产综合开发,一般只适合大型上市公司进行集体型的户田产综合开发,或者在户田产综合开发进行数十年之后的成熟阶段,在偏远地区进行大规模的人工造城运动,其一次性投资规模巨大。

户田产综合开发应当从城市出发,把城市当始发点,向城市周边不断扩展,由近及远,而不是由远及近。如同房地产开发一样,户田产注重地段的价值。偏远型户田产综合开发启动之时,标志着中国户田产综合开发的成功。

### 9. 林业型

2021 年 8 月 25 日,由国务院第三次全国国土调查领导小组办公室、自然资源部、国家统计局联合公布了第三次全国国土调查主要数据,发布了《第三次全国国土调查主要数据公报》,该公报显示,我国林地 42.62 亿亩,折合成平方千米为 284 万平方千米,占 960 万平方千米的 29.6%。

2030 年碳达峰和 2060 年碳中和的"双碳达标",要求碳排放量和碳吸收量达到一个新的平衡点,这是一个宏伟而艰巨的历史性任务,要完成这个历史性任务需要在采取得力措施大规模减少碳排放量的同时,还需要大幅度增加碳吸收量,这就需要大规模增加我国的森林面积,以此增加森林碳吸收能力,最后达致碳平衡,不再对地球造成二氧化碳持续增加的负面影响。

户田产在未来"双碳达标"和乡村振兴中可以起到积极作用,其方法就是增加一个林业型户田产综合开发项目,户田产庭院内的树林面积要达到三分之二,只留下三分之一用于种植粮食、蔬菜、水果,养殖家禽牲畜。也就是说,林业型户田产以种植树林为主,其适宜范围主要是北方干旱地区和北方城市周边地区,比如北京、石家庄、郑州、咸阳等周边地区。

同时,由于开发林业型户田产的原因,会促进现有乡村交通进一步实现城通村、村通山,在目前良好的城通村、村村通的基础上,把村与山之间的道路打开,实现山区资源的彻底释放和输出。

## 八、户口设置

### 1. "双资产""双户口"制度

允许城市里的市民在农村有自己的户田产,允许乡村里的农民在城里有自己的房产。无论城乡居民,只要是中华人民共和国境内的国民,都可以拥有"双资产""双户口",在全国范围内实行每家每户"双资产""双户口"的新制度。

### 2. 城乡一体化,全国一盘棋,教育医疗全国打通

取消城乡户口二元制,城乡一体化,全国一盘棋,教育、医疗、养老全国打通,城市小孩可以在乡村户田产所在地上学,城市老人可以在乡村户田产所在地就医和养老。同样,乡村小孩可以在城市购房地上学,乡村老人可以在城市购房地就医和养老。城乡差距不断缩小,逐步释放各种限制,全国实行统一的教育、医疗和社会保障制度。

## 九、公共活动与公共意识设置

新型集体经济与户田产综合体内部社区之所以要设置公共活动场所和培养公共意识,是因为现有社区存在结构性缺陷。

### 1. 公共活动广场和公共活动礼堂设置

新型集体经济与户田产综合体内部社区设置公共活动广场和公共活动礼堂,公共活动广场是露天的公共活动场所,公共活动礼堂是室内的公共活动场所。公共活动广场和公共活动礼堂的所有活动一律免费对外开放,不收取任何费用,所需费用(比如电费、

水费)由公共慈善基金提供。

通过设置公共活动广场和公共活动礼堂为新型集体经济与户田产综合体社区内的各类公共活动提供室内室外场所,以便把社区内的投票活动、重大庆典、宣传教育、公共事务辩论、戏曲歌舞、红白喜事等安放在公共活动广场和公共活动礼堂举行。

通过公共活动广场和公共活动礼堂内的各种公共活动的参与,培养社区内的公共意识,使社区具有归属感和凝聚力。

### 2. 公共体育场和公共体育馆设置

新型集体经济与户田产综合体内部设置公共体育场和公共体育馆,公共体育场是露天体育场所,公共体育馆是室内体育场所。

公共体育场和公共体育馆设有太极拳、太极剑、站桩、气功、武术、球类等,鼓励免费教,免费学,或者部分低收费,在社区网站上对贡献者、付出者、有成绩者给予表扬和宣传。

### 3. 公共志愿服务设置

新型集体经济与户田产综合体内部社区设置公共志愿服务。

公共志愿服务包括公共环境卫生、公共交通维持、公共治安巡查、孤寡老人及留守儿童的陪伴等。

公共志愿服务采取志愿制度,组织社区志愿服务队,号召社区内每一个人参与到社区志愿服务行列之中,对参与志愿服务的人张榜公布,排列名次,对未参与者予以提示。

### 4. 婚礼仪式革新与集体婚礼设置

新型集体经济与户田产综合体内部社区婚礼仪式革新设置内

容包括：

第一，新型集体经济与户田产综合体内部社区设置公益性的公共证婚人。

婚礼的证婚人应当是公益性的公共证婚人，公益性的公共证婚人就是通常所说的"月老"，应当是社会上德高望重、有影响力的老年人，即可由退休的老年人经过培训后担任，公益性的公共证婚人属于社会志愿服务，不得收取费用和报酬。婚礼当事人可以自己另外再聘请一位自己的亲友作为辅助证婚人，也可不请，但必须有一位公益性的公共证婚人，以此赋予婚姻的社会价值和社会意义，培养社区内社员的公共意识和公共道德。

第二，新型集体经济与户田产综合体内部社区设置公益性的结婚礼堂。

新型集体经济与户田产综合体内部社区设置公共结婚礼堂，可举行单个结婚仪式，也可举行集体婚礼仪式，向全社会公开，人人可参与婚礼，人人可见证婚礼。通过公共场合的婚礼仪式，赋予婚姻的社会意义，向社会宣布其婚姻的合法性。

公共结婚礼堂可为参与婚礼的亲友提供就餐，就餐可采用自助餐形式，实行 AA 制度，禁止铺张浪费。当然，传统的婚礼仪式可在户田产庭院内小规模举行，但禁止铺张、显耀，禁止对周围环境产生负面影响。

第三，婚礼有证词，公益性公共证婚人要公开向全体参加婚礼的人大声读出婚姻证词，结婚男女双方应当互相向对方递交结婚承诺书，用结婚承诺书约束双方的婚后行为。结婚承诺书的内容可以不对外公开，也可以对外公开，由婚礼双方自由决定。

第四，发扬中华传统的汉式婚礼仪式，穿庄重的汉式婚服，走传统仪式,要有浓烈的仪式感,产生严肃、庄重,让结婚者认真对待自己的婚姻,信守自己的结婚承诺。

南街村和曹德旺设置的集体婚礼,值得在新型集体经济与户田产综合体内的社区中推广。南街村在每年的国庆期间举行一年一度的集体婚礼。福耀玻璃集团的曹德旺先生在福耀公司也设置了集体婚礼。

每年的集体婚礼可以在五一劳动节、十一国庆节和春节举行三次,让高雅、正规、简洁、平等的集体婚礼仪式取代每家每户讲排场、大吃大喝、充满低俗闹剧的个体婚礼仪式,以培养新型集体经济与户田产综合体内社区社员的公共意识和公共道德。

### 5. 议事规则设置

建设高度的社会主义民主,是中国共产党向全体人民的庄严承诺。但民主建设须在保持社会稳定的前提下有序推进。我国目前在乡村采取的"四议两公开"制度,就是汲取了前人的智慧总结出的符合当下所需的议事制度。"四议两公开"指对村级重要决策、重大事务、重点工作和重点工程建设资金等村级重大事务由党支部会议提议、"两委"会议商议、党员大会审议、村民代表会议或村民会议决议后,将决议结果公告,办理结果公示。"四议两公开"从民主程序、公开讨论,到依规表决和按照多数人意志决策作出详细设定,作为一个基本的模式,可以在新型集体经济与户田产综合体内部社区推行。

### 6. 社区慈善基金与塑像树碑立传设置

社区是每一个人生活时间最多最长的地方,由于户田产可以继承,这就使新型集体经济与户田产综合体内的社区成为自己家族一代又一代生活时间最多最长的地方。不断改善户田产所在的社区,从长远来看,无疑对自己、对家人、对子孙后代都是有利的。在新型集体经济与户田产综合体基本框架中作出社区慈善基金与塑像树碑立传设置,目的是培养新型集体经济与户田产综合体内部社区社员的公共意识、良好情操和高尚品德。

(1)公共慈善基金设置。

每一个大的新型集体经济与户田产综合体内设置一个公共慈善基金,所有善款用于本社区内社员(社区外的非社员没有享用资格)。号召社区内每一个人尽量捐款,捐款数额上榜公开,既实时公布,又年终汇总公布。

善款主要用于资助社区内贫困生读书,资助烈士家属及子女生活,用于社区内塑像、树碑、立传的开支,用于举行集体婚礼,资助贫困老人养老,救助鳏寡孤独残疾等。

公共慈善基金选举德高望重、经济条件好(有养老金和医疗保险)、对社区有贡献的老年人组成公共慈善基金委员会。

公共慈善基金委员会属于志愿服务机构,公共慈善基金委员会委员没有薪水,没有报酬。

公共慈善基金中每一笔善款的用途由公共慈善基金委员会委员公开投票决定,公开投票在公共活动广场或公共活动礼堂内公开举行,禁止暗箱操作,禁止贪污挪用,禁止虚假慈善。

另外成立监督委员会,对善款的用途和效果予以全程监督。

(2)塑像设置。

对于居住在新型集体经济与户田产综合体内部有重大贡献的社区社员,经过社区委员会投票决定,可以为其塑像,塑像有铜像、石像之分,树立在社区内人民广场上。

### 十、国家回购保值机制设置

户田产作为一种使用权类的农业资源型资产,其土地所有权仍属于村集体或国家。所以,要确保其资产价值的流通性、稳定性、灵活性,国家应设置回购机制,比如在一定期限内,户田产所有家庭可以提出腾退的申请,由户田产原开发公司或全国户田产统一市场交易平台进行保值回购,以确保城市家庭对投资户田产的热情和安全感。

# 第六章　全面振兴乡村三大难题与
户田产的破解作用

"三农"问题是我国历史遗留的老大难问题,涉及体制机制、经济人口、资源环境等多方面问题。由于地理环境、生产条件和社会状况不同,不同地方面临的问题各不相同,需要具体分析。

如何破解我国"三农"存在的诸多问题,实现乡村全面振兴,学术界从不同角度给予了多维度的研究。有从工业化、产业化、市场化角度的研究;有从规模化、专业化、数字化角度的研究;有从投入、产出、效益角度的研究;有从人口、劳动力、养老角度的研究;有从城乡统筹、城乡一体化角度的研究;有从与美国、加拿大、澳大利亚的大农业相比较角度的研究;还有从与韩国的"新村运动"、日本的"造町运动"相比较角度的研究;等等,取得了许多有价值的成果,值得本书借鉴。

受到篇幅限制,本章无法对乡村存在的各种问题进行一一论述,只针对城乡二元结构、农民经济收入低、乡村生态环境污染三大难题及破解路径予以阐释和论证。

虽然破解这三大难题面临不少困难,但只要破解了这三大难题,全面振兴乡村就有希望。户田产集合了自然经济、计划经济、市场经济三重经济形态的优势,具有"全能型"的复合功能,对破解这三大难题具有特殊作用,值得探索和研究。

## 第一节　城乡二元结构难题与户田产的破解作用

### 一、城乡二元结构利弊分析

所谓城乡二元结构,指在城市与乡村存在着两种完全不同的经济社会结构:城市以"社会化"为主要特征,生产与生活、经济与社会走的是"社会化"发展之路,一切生产生活要素按照市场规律运转;乡村则以"家庭化"为主要特征,生产与生活、经济与社会都停留在一家一户"单干"阶段,生产生活的许多要素并没有市场化,市场规律发挥的作用有限。

党的十八大以来,我国城乡二元结构在政策调整下已有一定程度的缓解,大大优化了乡村基础设施,提升了乡村的生活品质,但城乡二元结构没有得到根本性改变,需要继续深化改革。

城乡二元结构是历史的产物,是在中国由计划经济向市场经济转型过程中形成的特殊社会结构,对中国经济社会的发展有利有弊,既不能一概否定,也不能一概肯定,应当具体问题具体分析。

**1. 城乡二元结构之利:一度具有巨大的正面作用**

城乡二元结构体现了中国人"有序改革""稳中求进"的高超智慧,一度具有巨大的正面战略作用和积极意义。它对社会稳定有序起到了"稳定器"作用,主要表现在以下四个方面:

一是在城乡二元结构下,有利于城市土地高效而快速地盘活。乡村宅基地和耕地不能流通买卖,只有城市国有土地可以买卖交易,用于开发成房地产。这样一来,就可以把改革开放初期国家有限的资金压缩在城市狭小空间里,提高城市土地的资本投入密度,有利于激活和抬高城市土地价值,实现城市土地金融化,进而实现城市土地财政化,使城市房地产获得巨大的成功。

二是在城乡二元结构下,农民"离土不离乡",有利于农民可进可退。"进"可进城打工,"退"可退回家种田。农民到城市当农民工,既是乡村农民又是城市工人,一身二任。这种双重身份的好处是:农民在乡村有一块土地,实际上是一种小资产拥有者,一旦城市发生经济危机,出现波动或下滑,进城农民可以立即抽身返回农村生活,通过户田产制度的扶持和安排实现再就业,生活成本较低。同时,在城市工作生活时,因为户田产制度的权益分红,又可以获得额外一份收入,减轻农民的生活压力。

三是在城乡二元结构下,乡村既是农民的"避风港湾",又是城市经济的"减震器"。市场经济是一种风险经济,会出现生产过剩,会产生市场失控、失灵、失败。数以亿计的农民工由于有了乡村作为失业"避风港湾"和城市经济的"减震器",有效地对冲了市场经济所带来的社会风险,对中国经济社会稳定具有重大的正面战略价值。

四是在城乡二元结构下,乡村不断为城市提供滋养和输血,对城市起着"单向供养"作用。40多年的市场化、城市化、工业化,使中国城市人口占比从1980年的不到20%发展到2021年年底的63.94%,有6亿农村人口进入城市,随之把资金和人才也输送给城市,使中国691座城市(县级市+地级市+直辖市)飞速发展,蓬勃兴起,像深圳由小渔村发展为特大城市,就是中国城市化的缩影和典型代表。

**2.城乡二元结构之弊:对中国未来进一步发展的消极作用**

(1)城乡二元结构存在的问题。

在户籍制度、社会保障、教育条件、享受公共产品、就业机会和家庭收入等许多方面,城乡二元结构存在一些亟待解决的问题,如果不能顺利解决,将对经济的进一步发展产生消极影响。

第一,从户籍制度角度看,在城乡二元结构下,城乡户籍制度是完全割裂的。在改革开放前的计划经济时代,户籍制度分为农村的农业户口和城市的商品户口,由农村的农业户口向城市的商品户口转移和迁移,被称为"农转非",即农业户口转变为非农业户口,这会受到严格的限制。改革开放以来,户籍制度虽然做了一些调整,但仍存在对农民的各种限制性规定。比如城市通常用学历、职称设置一道道门槛,把农民排除在外。农民工进城打工面临各种歧视性规定,如进城农民工不享受城市福利待遇,连城市公园门票减免也不能像城市市民一样享受。不少城市中小学不招收农民工子女,原因是,农民工子女因没有城市户口而没有就学资格。

第二,从社会保障角度看,在城乡二元结构下,城乡之间的社会保障条件差距很大。在城市,社会保障制度基本完善,城市市民一般享受"五险一金"(基本养老保险、基本医疗保险、失业保险、工伤保险、生育保险及住房公积金)的社会保障,尤其是养老保险、医疗保险、失业保险对保障城市市民的生活具有巨大作用。养老保险、医疗保险制度基本覆盖全部城镇居民,各项救济制度也比较成熟,最低生活保障制度业已建立。相比较而言,农村虽然有"新农保"(新型农村养老保险)和"新农合"(新型农村合作医疗),但都处于低层次、低档次的状态,不足以解决农民的养老问题和医疗问题。在"新农保"下,60岁以上的农民每月只能领到55元左右生活费,无法解决老年农民的养老问题。在"新农合"下,农民看病报销比例很低,例如有的三级医院医疗费报销比例是1000元以下的,报销20%;1000元(不含)以上10000元以下的,报销45%;10000元以上(不含)的,报销40%。在如此之低的报销比例规定下,我国农村根本无法遏制农民"因病致贫""因病返贫"现象的不断出现。

第三,从享受公共产品角度看,在城乡二元结构下,资源的配置难以均衡。比如教育资源,享受同等的国民教育,是国家公民的基本权利,但我国的优质教育资源几乎全部集中到城市,在教育经费、教室及桌椅、教学设施和教师队伍等各个方面,城乡之间差距巨大,农村全面落后于城市。

在城镇,电网、煤气或天然气管道、自来水管道、通信设施、道路交通等基础设施,基本由政府投资建设,居民只承担部分运行费用。但在农村,这些基础设施不仅要农民自己筹资建设,而且往往只能享受质次价高的服务。

在城市,公园、动物园、植物园、广场、地铁、公交车、博物馆和图书馆等公共产品,城市市民可以免费或低费享受和消费,但农村这些公共产品一样也没有。

第四,从分享城市化成果角度看,在城乡二元结构下,城乡之间的收入比是不对等的。截止到2021年,我国城乡收入之比大约是2.6∶1,改革开放40多年来,城市人口房贷总额约为乡村人口房贷总额的 10 倍以上,相应地,房地产增值所带来的财产性收入即"房产红利",城市是农村的 10 倍以上。我国广大农民无法像城市市民一样分享几十年城市化高歌猛进所带来的巨大财产性收益,广大农民被人为地排除在这一成果分享之外,从而拉大了城乡之间的收入差距。这是导致乡村经济落后的一个重要原因。

(2)城乡二元结构导致乡村人口流失与劳动力老化。

在城乡二元结构约束下,我国农民难以靠种地谋生,不得不走出农村,涌向城市,充当"农民工"。我国的城市化演变成了农村人口向城市的单向流动、单向"净输出",大量人口离土又离乡,导致乡村青壮年人口不断流失。

在市场化、城市化、工业化"三化"的冲击下,中国乡村已经由多生多育转变为少生少育,乡村农民像城市市民一样不再愿意多生孩了,与乡村"少子化"倾向伴随的是乡村劳动力老龄化的快速加剧。乡村农业劳动力老化和后继无人这一趋势越来越严重,已经成为乡村大问题。少子化、老龄化、男性青年光棍化、劳动力老化及后继无人化、乡村空心化这"六化"是目前我国乡村人口的现实状态,将直接影响乡村农业的可持续发展,成为全面推进乡村振兴的一大障碍。

(3)城乡二元结构阻碍乡村振兴,是发展户田产面临的最大难点。

城乡二元结构导致城乡生产要素流通受阻,城乡之间只有"单流向",没有"双向循环"。乡村的人才、资金只能从乡村向城市单向流动,单向"输血",但城市人才、资金以及所拥有的先进技术不会返流乡村。如资金方面,农民挣钱后可以在城市买房,但城市市民无法下乡买房。

为了破解城乡二元结构问题,党中央确立了以城带乡、以工促农、城乡互动、协调发展的总体方针,近二十多年来不断加大财政支农、金融支农的力度,对农村水电、水利、道路、信息工程、冷藏系统、文化场所等基础设施建设持续加大投入,支持农村各种要素市场发育,并纳入国家统一大市场建设之中。但是,城乡差距、工农差距仍然存在,城市生产和生活环境总体大大优于乡村,发展不平衡不充分的主要矛盾依然集中在乡村。

在户籍制度改革方面,只是单向改革,只允许农民进城市民化,不允许市民下乡农民化;在教育体系、医疗制度、社会保障制度方面,城乡依然是两套系统独立运作,没有相互打通,没有实现城乡一体化;在土地制度方面,城市土地可直接入市,乡村土地只允许经营性集体建设用地直接入市,不允许宅基地和未利用地直接入市(经过一定程序土地变性以后可入市),耕地有国家红线禁止则完全禁止入市。城乡二元结构已经成为我国全面振兴乡村的"绊脚石",也是发展户田产面临的最大难点。

## 二、消除城乡二元结构的治本之道

党的二十大报告中指出"明确我国社会主要矛盾是人民日益增长的美好生活需要和不平衡不充分的发展之间的矛盾"[1]。这一矛盾的主要表现地域则是广大的乡村,城市相对于乡村而言,这一矛盾要缓和许多。因此解决我国的主要矛盾,主战区在乡村,这一点是我们应当明白的。

---

[1]　习近平:《高举中国特色社会主义伟大旗帜　为全面建设社会主义现代化国家而团结奋斗——在中国共产党第二十次全国代表大会上的报告》,人民出版社2022年版,第7页。

党的十八大以来，以习近平同志为核心的党中央在统筹城乡发展、推进新型城镇化方面采取了一系列重要举措，积极调整工农关系、城乡关系，着力打破城乡二元结构的制度藩篱。

目前，我国破解城乡二元结构的主要方式是：（1）农民市民化；（2）农业工业化；（3）农村城镇化。通过数年的努力，取得了显著的成果，为进一步从根本上消除城乡二元结构打下了坚实基础。

首先，农民市民化，在前些年通过城市化发展，许多农民和农民后代"离土离乡""进厂进城"，变成城市市民。部分地区对农业人口从农村向城镇转移成为城镇居民，在子女教育、居民住房、农村"三权"、户籍迁移、就业创业、医保制度等都有一定的保障和支持。同时，农民在城市建设中，也不断提升了自身的适应力和工作能力，但也导致了农民原来居住的乡村开始出现"空心化"现象，大量的乡村资源闲置。

其次，农业工业化，是在农民市民化基础上，乡村人口越来越少，便于"田归大片""田归种田能手"，让资本下乡，建立类似美国、加拿大、澳大利亚的大农场，采用工业化、机械化、自动化、数字化的方法改造农业，实现农业现代化。对此，我国应在有选择性和区域特性的基础上谨慎推进。因为凡是实现资本主义大农场的国家都是在消灭原住民的基础上在"无人区"建立大农场，中国是原住民的国家，不能消灭原住民，而要帮助原住民在故乡找到归属感、存在感、安全感、获益感。笔者认为，我国推动的农业工业化对未来的现代化农业生产有巨大作用，但需在初期就考虑制度建设和模式建设上如何让民心稳的根本办法。户田产所强调的是以农民利益为根本，创造多重创收路径，固定农民的稳定权益，因此才能成为消除城乡二元结构的治本之法,结合国家的其他治理方法,进而成为治本之道。

若按照美国每个大农场2500亩计算,中国99%以上的农民就应当消失,这是不现实的。况且在世界范围内的大农场式大农业几乎都是失败的。原因是农业工业化下的大农场式大农业,必须使用农药、除草剂、化肥,甚至使用转基因种子,所生产出来的食物,产量很大但品质很差,食物内必然含有污染残留、毒素残留,长期积累下来,对环境污染严重,对人体有一定的毒害作用。美国大农场生产出来的粮食基本都属于垃圾粮食,美国真正的大富豪不会在市场上购买食物,都有自己的农庄,自己生产,享受绿色、生态、有机、环保的特供食物。

最后,农村城镇化,依靠国家财政支农、金融支农,国家为了扶贫助农、振兴乡村,不断对乡村的路、水、电、气、网"五通"进行不求回报和不计工本的巨量投入,几十年来总投入已经超过20万亿元,使乡村的"五通"基本解决,乡村的绿化、硬化、亮化、美化成效显著,美丽乡村建设取得巨大成就,乡村面貌因之大大改观。未来,农村城镇化的发展目标还有很大的进步空间,包括通往山林的交通条件的优化,乡村常住人口的回流和增加等,这些都是未来笔者希望通过发展户田产来消除城乡二元结构存在的问题。

### 三、户田产对城乡二元结构的破解作用

现阶段城乡一体化和建立国内统一大市场需要破解城乡二元结构,有没有很好的破解招数呢? 这种很好的破解招数要能够启得动、提得起、行得通、铺得开、推得广,能够由点到线再到面,在全

国乡村全面普及、全面推广,能够成为我国乡村"提质升格"、全面振兴的一个强力抓手,能够成为全国农业农村现代化的龙头和火车头。本书认为,户田产具有破解城乡二元结构、消除城乡差别、实现城乡一体化的战略作用,正是我们努力寻找的战略突破口。

第一,户田产通过"双户籍制"和"双资产制"可以打破目前城乡分立的二元户籍制度。购买户田产新资产的人主要是城市市民中的中产以上家庭,这一部分家庭恰恰是中国改革开放过程中"先富起来"的家庭,他们在城市拥有自己的房产,一般至少有两套房产,许多家庭有三四套房产,已经不再需要在城市投资房产,而需要寻找新的投资渠道和投资机会,这一部分"先富起来"的城市中产家庭具有在乡村购买户田产的能力和意愿。这一部分"先富起来"的家庭在乡村购买户田产,既带上了资金资本"上山下乡",又带上了人才和科学技术"上山下乡",这就打破了城市市民不可以在乡村买房买地、置产兴业的藩篱,对城乡分立的二元户籍制度具有直接的破解作用。

同样,农民在乡村有自己的房子和土地,在城市购买房产早已在全国放开,不受任何限制,同样可以拥有"双户籍"和"双资产"。在全国城市市民和乡村农民都可以拥有城乡"双户籍"和城乡"双资产"的情况下,城乡分立的二元户籍制度就会被彻底破解,成为历史而一去不复返。

第二,户田产通过土地金融化使乡村土地具有金融属性和金融功能,激活乡村土地价值,打破城乡二元结构下城乡土地权能不对等和城乡土地价值二元分立,把乡村土地纳入全国土地统一大市场之中。

从我国四十多年的改革开放实践来看,我国城市化的成功推进,类似深圳由小渔村崛起为特大城市,一座座城市如雨后春笋般的崛起,其主要动力源是城市土地金融化,即把城市土地原本不具有的金融属性和金融价值,采用国家金融信用加持和赋能的方式,使之产生金融属性和金融价值,主要路径是:(1)购房者可以在银行按揭贷款和分期付款;(2)开发商可以把土地抵押给银行进行贷款融资,为其建筑房屋提供资金支持;(3)地方政府把城市土地"招、拍、挂",高价竞拍竞卖,获得土地财政。由此为房产购买者、房地产开发商和地方政府土地财政三个方面输入源源不断的金融动力,使城市商品房演变成金融投资品,拥有财富保值功能和增值功能。

但是在城市土地增值的同时,乡村的土地价值因不能流通和买卖而无法实现。若采用本书所提倡的户田产,把城市房地产的金融功能复制和引入广大乡村,乡村土地也将会像城市土地一样实现自身价值,从而使城乡土地权能不对等和城乡土地价值二元分立的局面被破解。

第三,户田产把城市人才、资金以及科学技术引入乡村,可以从根本上改变以往乡村人才、资金向城市"净流出"的状况,从而从根本上破解城乡二元结构。户田产的最大可贵之处,就是把城市"先富起来"的有钱人引入乡村,在户田产这一新型金融投资品的利益驱动下,让城市市民心甘情愿地"上山下乡"以掀起新一轮的市场经济条件下的"上山下乡"运动,让城市的人才、资金自动流向乡村,呈现前所未有的"逆城市化"运动。这种"逆城市化"运动具有内在驱动机制和内生原动力,符合司马迁所说的"天下熙熙,皆为利来;天下攘攘,皆为利往",在利益驱动机制的推动下,城市里"先富起来"的有钱人向乡村投资,起到"先富帮后富"的带动作用,城乡双向循环会自动地运转起来,城乡二元结构也就会借此逐步得以破解,城乡差别也会借此逐步消除。一个城乡生产要素双向流动、双向循环的新经济格局将会因为户田产的诞生和发展而正式来临,城乡二元结构从而被彻底破解。

## 第二节　农民经济收入低难题与户田产的破解作用

### 一、农民经济收入低难题与调查样本佐证

#### 1. 农民经济收入低是农村确实存在的难题

我国乡村农民收入主要有两大块:一是家庭联产承包土地的生产性收入;二是在外打工的工资性收入。至于财产性收入,只有城中村和已城市化的城郊农民才会有这一部分收入。

我国各地农民的经济收入差距大,有东、南、北、中的地域差距;有发达地区与落后地区之间的差距;有城郊与偏远乡村之间的差距;有失地与拥有较多土地之间的差距;还有留住乡村与离开乡村融入城市之间的差距。所以,笼统谈农民经济收入问题,不考虑各方面存在的差距,有可能很不准确,也缺乏说服力。

本书从多方调查了解到,典型的乡村或纯粹地依靠土地获取收入的农民家庭,人均每个月收入大多数为 600 元左右,农民经济收入低是一个不可回避的现实问题。我国乡村土地贵(因人多地少)、人工贵(人工由城市市场定价)、农业生产资料成本高等,导致我国一些主要粮食成本高于欧美发达国家。再加上人均耕地

少,小块土地经营,如果一个家庭完全依靠土地获取收入,很难富裕,甚至一些人维持生计都较为艰难。

### 2.调查样本对农民经济收入的佐证和证实

关于中国农民粮食生产的成本收入问题,下面选取 2022 年我国中部省份湖北省宜城市郾城区铁湖村十二组农民粮食生产的成本收益作为调查样本。调查采用问卷调查、农民专业户访谈、村干部核实访谈三种方式,综合所收集的数据信息,加权处理后,其粮食生产成本收入的数据信息大致如下:

(1)第一季春夏小麦每亩(667 平方米)①种植成本和收入调查结果。

①小麦每亩每年种子成本:135 元/亩

②小麦每亩每年化肥成本:172.5 元/亩

③小麦每亩每年农药成本:37.5 元/亩

④小麦每亩每年除草剂成本:15 元/亩

⑤小麦每亩每年人工成本:180 元/亩

⑥小麦每亩每年机械成本:172.5 元/亩

小麦每亩每年总成本:712.5 元/亩

⑦小麦每亩产量:750 斤/亩

⑧小麦每斤价格:1.1 元/斤

小麦每亩每年毛收入:825 元/亩

小麦每亩每年纯收入:112.5 元/亩

以上是春夏小麦每亩(667 平方米)种植成本和收入调查结

---

①　注:当地习惯按照八十平方丈一亩计算,以上数据将八十平方丈一亩折算成六十平方丈一亩,即折算成 667 平方米。

果,调查的是专门种田的专业户。

请人挖沟、撒种子,小麦每亩人工成本是180元,如果这部分人工成本由种田者亲自做,就可节省180元人工成本,每亩可获得292.5元。如果请人或机械代劳,每亩地只收入112.5元。

小麦比水稻更具有"望天收"的特性,年景好可赚200元左右,年景不好则亏本,大约三年中有两年年景不好。总的来说,常年平均下来,每亩地每年种小麦的收获只有180元左右,属于基本没有收入或收入甚微。

（2）第二季夏秋水稻每亩（667平方米）种植成本和收入调查结果。

①水稻每亩每年种子成本:人工插秧种子量55元/亩

机械插秧种子量105元/亩

②水稻每亩每年化肥成本:180元/亩

③水稻每亩每年农药成本:55元/亩

④水稻每亩每年除草剂成本:23元/亩

⑤水稻每亩每年插秧成本:325元/亩

⑥水稻每亩每年机械成本:180元/亩

⑦水稻每亩每年水费成本:112元/亩

水稻每亩每年总成本:930元/亩（人工插秧）

980元/亩（机械插秧）

⑧水稻每亩产量:1350斤/亩

⑨水稻每斤价格:1.2元/斤

水稻每亩每年毛收入:1620元/亩

水稻每亩每年纯收入:690元/亩（人工插秧用种子）

640元/亩（机械插秧用种子）

以上是夏秋水稻每亩(667平方米)种植成本和收入调查结果,调查的是专门种田的专业户,是按照常规年景计算的。

若像2022年,因天旱严重缺水,稻谷歉收,减产400斤左右,则基本没有收入,有的甚至亏本。

(3)每年春夏季小麦和夏秋水稻综合收益(802.5元)。

以湖北省宜城市郦城区铁湖村十二组为调查样本,第一季春夏小麦和第二季夏秋水稻,每亩合计收入一般在802.5元左右。一户农家若种10亩地,也只能收入8025元。这种调查结果,与国家统计局相关负责人所说的2021年全国亩均种粮收益824元大致相等。

(4)每亩地每年补贴与转承包费调查结果:收益极低,聊胜于无,若遇到灾荒年,基本没有收入或者亏本。

①每亩地每年补贴:110元/亩

②每亩地每年转承包费:700元/亩

每亩地国家每年补贴110元,这110元国家补贴归原来的承包户所得,转包别人田地的种植大户不能获得。根据多方调查了解,转包别人田地的种植大户,在扣除每亩地每年700元转包费之后,收入极低,若遇到灾荒年,基本没有收入甚至亏本。

按此计算,种植大户的年收入不如在一线城市当保安的年收入,而风险和辛苦远大于当保安。若与一个泥瓦工每天250元工钱计算,也远不如一个泥瓦工的年收入。

(5)根据以上调查结果,与欧美比较后得出的结论:粮食价格相较于国际粮价偏高但相较于粮食成本则偏低,卖粮收入不多。

根据以上调查得出:不管是耕种自家的承包地,还是转包别人的承包地,成为种植大户,都无法靠土地上的农业辛勤劳动致富。

2022年3月8日,美国芝加哥期货市场的小麦价格计算,当日交易价为7.545美元1蒲式耳小麦,按照1蒲式耳小麦27.216公斤计算,大约每斤小麦期货销售价格为0.88元人民币,比中国中部省份湖北省宜城市郾城区铁湖村收购价1.1元要便宜0.22元。

综上所述,得出结论:粮食价格相较于国际粮价偏高但相较于粮食成本则偏低,卖粮收入不多,有的甚至亏本,我国农民经济收益低是一个必须正视的真实问题。

### 二、我国农民经济收入低的五个原因

我国农民经济收入低,无法以土地勤劳致富,究其原因,主要归于以下五个方面:

**1. 人均耕地严重不足,平均每户只有7.53亩,导致无法依靠土地致富**

以2019年12月31日为标准时点的第三次全国国土调查结果显示,我国耕地总面积为19.18亿亩(具体数据191792.79万亩),其中,水田3139.20万公顷(47087.97万亩),占24.55%;水浇地3211.48万公顷(48172.21万亩),占25.12%;旱地6435.51万公顷(96532.61万亩),占50.33%。我国64%的耕地分布在秦岭—淮河以北。黑龙江、内蒙古、河南、吉林、新疆5个省份耕地面积较大,占全国耕地的40%。从第三次全国国土调查结果来看,全国人均耕地只有1.37亩。

根据第三次全国农业普查数据显示,中国小规模经营农户2.3亿户,单户规模50亩以下,户均仅为7.53亩,其中规模农业

经营户 398 万户,小农户占比为 98%,经营面积占总耕地面积的 70%。

由于我国近十几年努力推动"适度规模经营",出现了一些"种粮大户",除去这些"种粮大户",普通农户的户均土地面积会小于 8.4 亩。2018 年 12 月经济日报调研组推出了《新型农业经营主体土地流转调查报告》,该报告通过调查数据进行分析和测算,认为我国普通农户平均经营的耕地面积仅为 7.53 亩。①

2022 年 5 月 17 日,网易新闻发布了《国家统计局:2021 年全国亩均种粮收益 824 元! 为近五年来最高水平》一文,该文明确指出,我国农民平均每亩土地货币化收益只有 824 元。

农户一个家庭,依靠 7 亩多的土地,既要柴、米、油、盐、酱、醋、茶、水、电、网,维持日常生计,还要新建房屋,育幼养老,供孩子上学,还要治疗疾病,送往迎来,所有这些生活开支,全部压在 7.53 亩土地上,而每亩土地货币化收益只有 824 元,农民想土里刨金、以土地致富、以勤劳致富是不可能的。

从宏观上看,我国耕地总量同样严重不足。2021 年,在粮食产量取得"十八连丰"情况下,海关总署发布数据显示,2021 年 1—12 月,中国进口粮食 16453.9 万吨,其中,进口大豆 9651.8 万吨。经过估算,每年进口农产品的总量相对于国外 9 亿亩耕地的产量,"人多地少"是中国的客观现实,全面振兴中国乡村的方案设计,必须首先正视这一客观现实。

---

① 佚名:《〈新型农业经营主体土地流转调查报告〉发布,分散化、小规模已不能完全适应需求》,《中国农资》2018 年 12 月 21 日。

**2. 粮食价格相较于国际粮价偏高但相较于粮食成本偏低，导致卖粮收入少甚至亏本**

我国政府对粮食涨价采取谨慎态度。在中国农民种粮成本非常高的情况下，采用国家收购价和种粮补贴(1 亩地 110 元左右)的方法有效控制了粮食价格，使之略高于国际粮价，但不会像日本、韩国那样远高于国际粮价，使中国粮价不至于成为人民币贬值和通货膨胀的推手。

我国控制粮价之举是正确的，但对"三农"而言，则是残酷的，其不可避免地抑制了"三农"的发展。

**3. 城市对乡村的单向虹吸效应，导致乡村资金、劳动力、人才流失**

首先，乡村的资金向城市单向流动。

在城里买房、在城里就医、在城里上学、在城里购物，这四个方面把乡村的资金单向地"虹吸"到城市，乡村农民无论是在城里打工挣的钱，还是种田所得，在乡村无法消费，资金无法留在乡村，绝大部分资金单向地流进城市。反之，城市资金很少流向乡村，这种资金单向流动的时间一长，不利于"三农"的发展。

其次，乡村的劳动力向城市单向流动。

近 3 亿农民工到城市里打工，给城市带来了人气，带来了消费，带来了活力，这近 3 亿农民工都是乡村的青壮年劳动力，是乡村最有活力、最有消费力的群体，他们离开乡村，导致现在乡村种田的人都是"50 后""60 后""70 后"和部分"80 后"，"90 后"的青年很少留在乡村种田，直接导致乡村没有青壮年劳动力，只有老年劳动力,呈现"留守老人""留守儿童"守护乡村的状态。

最后,乡村的人才向城市单向流动。

近十年来,每年有超过1000万的大中专(包括中职)毕业生进入就业市场,其中半数即超过500万毕业生来自乡村,他们毕业后不再返回乡村。到2021年,有超过1300万的大中专(包括中职)毕业生进入就业市场,其中半数即超过650万毕业生来自乡村,他们毕业后不再返回乡村,这种乡村的人才向城市单向流动的状况自改革开放以来持续不断。乡村培养的人才不回去搞乡村建设,这就是目前乡村人才的现实情况。

乡村的资金、劳动力、人才向城市的单向流动,不利于"三农"的发展。

**4. 乡村劳动力的工资水平由城市市场定价,导致农业大户用工成本高、收益低**

实际上,农村劳动力价格不是由农村农活产出价值直接定价的,而是由城市工商业市场化定价的,这直接导致中国农业劳动力价格暴涨。城市劳动力采用的是城市工商业市场化定价,价格是300元/天,农村若按照农业的产出定价,即使按照30元/天,也超出了农业收入所能够承担的给付能力。从城市回到乡下的农民工,宁愿坐在墙根晒太阳,坐在麻将桌上打麻将,或集聚在一起唠嗑,也不愿在农村干一天挣30元的农活。

城市市场定价乡村劳动力的工资水平,导致农业大户用工成本极高,即使高薪雇佣劳动力,有时也雇不到人,导致大户的大片农业收益同样很低甚至亏本。

### 5. 农业属于低价值密度产业，靠国内垄断来抬高粮价有风险

中国 70% 以上的土地处于山区、丘陵、高原，耕地比较零星，不容易形成大面积的田块，不利于发展现代化、规模化的大农业。中国目前土地流转占全部耕地的 30% 左右。农业主管部门一直在推进农业的集中化、规模化、产业化，希望通过土地集中，形成大片规模，实现农业产业化，提高农业的机械化、数字化水平，以及提高农业的装备系数、技术系数，从而达到提高农民收入的目的。但实践的结果不够理想，由于农业是低价值密度产业，农业收入抵不上巨大的资本投入，收益不足以弥补投资成本，导致大量投资项目失败，投资农业已经变成一种高风险行业。

在市场经济条件下，农业基本无利可图是普遍规律。如果像日本、韩国那样，在国内搞市场垄断，对外国搞粮食排斥，构筑"高价粮"壁垒以保护本国农业，又会导致其国家货币不值钱，产生通货膨胀，提高老百姓的生活成本，从而导致青年不愿结婚、生孩，这非常不利于国家的经济社会发展，是不可取的一种高风险策略。

### 三、户田产对解决农民经济收入低难题的作用

如前所述，农民经济收入低是一个现实困境，而户田产对我国现阶段"农民经济收入低"难题具有破解作用，主要体现在以下三个方面：

第一，借力：户田产借助新型集体经济的力量破解我国乡村农民经济收入低难题。在新型集体经济与户田产综合体的开发建设过程中，户田产与新型集体经济捆绑在一起、融合在一起，借助新型集体经济的集体力量增加村民经济收入，包括两块：

（1）村集体持有的公司原始股份带来的经济收入。公司原始股份指的是，村集体以土地入股方式，把村集体的土地拿出一半或更多入股到为开发建设新型集体经济与户田产综合体而成立的新股份公司中，在新股份公司占有 40% 左右的原始股份，由村集体代表全体村民持有，全体村民公有共享，由此每个村民可以分得一份红利，获得一份经济收入。

（2）新型集体"大片"耕地带来的经济收入。在新型集体经济与户田产综合体的开发建设过程中，村集体拿出一半或更多的土地用于开发户田产，但至少还保留有三分之一以上的土地作为村集体公有土地，由全体村民共同占有和使用，这一部分土地重新集中，"田归大片"，形成土地规模，一则可以发展"一村一品"的特色农业经济，二则可以直接采用大型农业机械和数字管理模式实现现代化的大农业。"一村一品"和现代化大农业可以提升耕地的经济价值和节省劳动力成本，都有利于提高村民的经济收入。

以上两块经济收入，都是借助于新型集体经济获得的收益，两部分经济收益，具有可持续性、长期性和稳定性，有助于防止农民再次陷入衣食无着落的贫困状态。

第二，赋能：户田产赋予乡村土地金融功能，"点地成金"，有利于破解我国乡村农民经济收入低难题。户田产把城市房地产的金融手段引入乡村大开发之中，让乡村一部分土地像城市国有土地一样金融化，大大提升乡村土地价值，乡村农民可以直接获得经济收益。由乡村土地金融赋能所产生的经济收入分为三块：

（1）村民自住商品房房产带来的经济收入。为了实现土地重新集中、提高土地单位面积的利用率，分散的村民宅基地被集中起来，住进高楼大厦，原来没有产权、不能买卖的农民房转变成与城市小区一样具户田产改革属性的确权登记产品,可租赁、可买卖、可交易、可变现,由此每个村民又可以获得因"点地成金"金融赋能所带来的新增财产的财产性经济收入。

(2)股份公司开发户田产带来的经济收入。在新型集体经济与户田产综合体的开发建设过程中,村集体还可以拿出一小部分土地用于开发类似城市里生活小区的商品房房产,面对全国公开售卖,其属性与城市商品房完全相同。城市里没有能力在乡村购买户田产的市民可以购买这一部分商品房房产,原因是,这一部分商品房房产属于单元房,售价有可能是带有"田"、占地面积达到五六亩甚至更多的户田产的十分之一甚至二十分之一,但同样能够享受乡下田园生活之低廉及乐趣,对于城市老年人退休以后到乡下养老养生具有吸引力。因村集体在股份公司中占有原始股份,这一部分商品房房产所带来的红利,可以通过村集体平均分配到每个村民,每个村民由此又可以获得因"点地成金"金融赋能所带来的一份经济收入。

(3)综合体内商业地产带来的经济收入。在新型集体经济与户田产综合体的开发建设过程中,村集体还必须拿出一小部分土地用于开发类似城市里商业地产,其用途就是构建当地的商业街道、大型商业服务中心,把学、医、养、护、购、吃、休、健、乐、油(加油站)等设施都建设发展起来,即幼儿园、小、中学校、养老院、银行、医院、购物中心、影视城、体育馆、运动场、美食街、广场、公园、汽车修理厂、加油站、医药店、理发店、美容店、美甲店、修理店、干洗店、制衣店、洗车店、打印店等集中在一起,为新型集体经济与户田产综合体内全体社区居民提供便利服务,并使其便利程度不输于城市。因村集体在股份公司中占有原始股份,这一部分商业地产所带来的红利,可以通过村集体平均分配到每个村民,每个村民由此又可以获得因"点地成金"金融赋能所带来的一份经济收入。

以上三块经济收入,都是借助"点地成金"金融赋能所带来的经济收入,这部分经济收入既可以采用一次性卖断获取,也可以由新型集体经济与户田产综合体出租,收取租金后再按照股份比例分红,具体如何处置,由股份公司内部股东召开股东大会或董事会共同商议确定和决策。

第三,衍生:户田产衍生出新的行业、新的产业,能够创生出新的就业岗位,有利于破解我国乡村农民经济收入低难题。在新型集体经济与户田产综合体的开发建设过程中,无论是新的股份公司,还是新型集体经济,还是户田产综合开发,还是村民住宅楼建设,还是面向城市市民销售的商品房房产开发,还是商业一条街和大型商业服务中心的开发,还是新型集体经济与户田产综合体建成以后的物业管理及服务,以及户田产业主的"田"里的生产和房产的清洁维护等,都能给当地衍生出新的行业、新的产业,给当地村民衍生出新的工作职位和新的就业岗位。这些新的工作职位和新的就业岗位包括以下几个方面:

(1)物业托管类工作岗位。户田产融生活和生产于一体,除了房屋卫生和保养的工作量大外,打理每户户田产的田地也需要丰富的经验、精力和时间,当地农民完全可以通过培训后再就业,成为户田产开发区的物业公司员工,根据兴趣和所长,负责每户户田产的养护、保洁、种植等新型物业服务。购买户田产的人主要是城市市民,在乡下户田产居住如同候鸟,利用节假日下乡,其余时间都在城市里居住,空闲的房屋需要当地的村民帮助定期护理。

(2)家政服务类工作岗位(保姆、护理员、月嫂)。户田产是独立的庭院、独立的生产生活单元,位置处于乡下,空气干净、新鲜,居住空间宽敞,因而是天然的休闲、养生、养老、隐居场所。许多城市老年人退休以后会回归自家的户田产里定居养老,需要大量的老年保姆,对于需要长期护理的残疾老人、高龄老人,更需要专业的老年护理员。还有许多人会选择在乡下户田产里生孩子、坐月子,这就需要"月嫂"这样的婴幼儿护理员。这些老年保姆、老年护理员和婴幼儿"月嫂"一般来说主要是由当地村民就近就便地予以提供和服务。

(3)电商行业类工作岗位。城里人到乡下居住以后,会产生大量购物需求,现代购物主要是在网络上进行,这就需要大量的电商类工作人员,比如快递员、电商售后服务平台的工作人员、快递站点的仓储管理和站点运营人员等。另外,由于城里人下乡购买户田产,但在城里有自己的工作岗位,户田产"田"里的各类生产都需要委托当地村民进行,生产出来的粮食、蔬菜、水果、鸡鸭鱼肉等产品都需要通过快递运输到城里供给户田产持有者消费,不仅需要快递服务,甚至能通过电商渠道把富裕的农产品销售到城里,其收益可以按一定比例分红分配给负责的农民。一般来说,这些电商行业类的工作岗位主要由当地村民来担当,因为当地村民就居住在户田产附近,有就近就便的便利条件,吃住都可以在自己家里,其用工成本最低而效率最高。

(4)农业类工作岗位。户田产的建设,涉及土壤治理和绿色食物生产,尤其是除了每户户田产家庭享有田产以外的大面积集体公田的建设。购买户田产的城里人,主要居住在城市,户田产"田"里的农活主要由当地的村民来干,其中,土壤的改良治理,也就是造田的工作,后续护田、种养殖等各类农业生产劳动中常态性劳动,都会催生出许多土壤治理企业、种植专业方面的公司和各类工作岗位。

(5)各类临时工。大量城市市民下乡居住于户田产之中,将会像城市一样出现人口集聚,为下乡的城市市民提供临时上门服务的各类工种将会大量出现,比如,临时清洁工、临时护工、临时维修工、临时厨师、临时月嫂等,这些临时工恰好为当地村民提供额外的收益。

(6)商业中心各类商业性社会职位。新型集体经济与户田产综合体内有商业一条街和大型商业服务中心,其中的学、医、养、护、购、吃、休、健、乐、油(加油站)等配套设施,一应俱全,需要各种各类商业性社会职位,比如教师、医生、护士、护工、厨师、美容师、美发师、美甲师、打印员、售货员、收银员、快递员、维修员、管理员、会计、门卫等。

以上六类,又可衍生出更多新工种、新岗位,这些新工种、新岗位以前在乡下是没有的。这多个新工种、新岗位使农民走向市民化,成为生活在乡村但带有城市市民气息的新式农民,传统农民将会逐渐消失。

综合以上借力、赋能、衍生三个方面,户田产确实有助于破解我国乡村农民经济收入低难题。户田产之所以能够"一子落地,满盘皆活",主要是因为其借力、赋能、衍生三个方面的功能和动力都来自"引进",即户田产从乡村外部引进和植入了城市里的人才、资金、技术、教育、管理、服务等,这些新的生产要素成为注入乡村的"新鲜血液",给乡村增添了新动力,带来了新生命力,并产生了蓬勃的新生机。"问渠那得清如许,为有源头活水来",有了城市里的人才、资金、技术、教育、管理、服务等新的生产要素不断流入乡村,城乡之间的资源禀赋开始"双向流动"和"双向循环",形成了新的经济业态、新的积极生态,构成新的经济循环系统。我国城乡由此开始走向城乡一体化发展道路,我国乡村农民经济收入低难题将在城乡一体化发展过程中逐渐得到破解和消解。

## 第三节 乡村生态环境污染难题与户田产的破解作用

### 一、乡村生态环境污染严重

现代农业是化学农业,除草剂、农药、化肥、化学制剂(洗涤剂、植物生长素与调节剂、动物饲料生长剂)等化学物品,在有力地帮助农业增产增收的同时也严重地污染了乡村环境,并导致土壤退化、生态失衡及农产品污染。

#### 1.农药对乡村生态环境的污染危害

对乡村生态环境毒性最大、污染力和破坏力最强的,要首推化学品农药,作为化学品的农药是近代以来化学科学的产物,其对各种庄稼害虫具有直接的杀灭作用。不得不承认的是,农药对农作物和粮食产量具有正面效应,这是显而易见的。所以,尽管农民知道农药对生态环境有巨大的破坏作用,但为了增产增收,不得不大剂量地使用农药。农民在获得短期利益的同时,把负面作用和残酷代价抛给了农田生态系统和周围环境。

农药在现代化学农业中使用次数多、使用量大。以种植水稻为例,种植水稻一般情况下需打四次药:(1)在禾苗移栽后 15—20

天或种播后 20 天;(2)水稻分蘖末期;(3)水稻破口期;(4)水稻穗期。这四个时期各打一次农药。如果水稻发虫,会再打两三次农药,加起来打六七次农药。以 2022 年中国中部省份湖北省宜城市郾城区铁湖村十二组作为调查样本,调查结果是:小麦每年施用农药成本是 37.5 元/亩;水稻每年施用除草剂成本是 55 元/亩。当地农作物一年两季,每亩地在种一季小麦作物之后再种一季水稻作物,一季小麦作物和一季水稻作物加起来共施用农药 92.5元/亩,农药剂量和资金成本都很高。如此长年累月地积累,残留在土壤中的农药必然会越积越多,其毒副作用会逐渐加剧。

农药会导致急性中毒。据世界卫生组织和联合国环境署报告,全世界每年有数百万人因除草剂和农药的使用而中毒,其中有数十万人死亡,发展中国家情况尤为严重。例如,能迅速使绿色植物枯死的百草枯,对人体毒性极高,一旦中毒即无特效药解毒。

农药对农田生态系统和周围环境中土壤、地上地下水系、植物、微生物、鸟兽等有全方位的污染。其污染面积大、影响范围广、持续时间长,最后通过入口的食品和水源对人类身体健康产生毒副作用,危及人类生命安全。

根据国家统计局数据显示,我国 2021 年农药使用量为 24.8万吨,虽然比 2015 年减少了 16.8%,但如此之大的农药使用量,对乡村生态环境的污染危害是巨大的。

### 2.除草剂对乡村生态环境的污染危害

除草剂,指可使杂草彻底地或选择性地发生枯死的化学药剂,又称除莠剂,用以消灭或抑制植物生长的化学物质。我国除草剂在农田里一般一年使用两次,一次是在播后芽前,另一次是在杂草长出。水稻使用除草剂一般一年三次,即所谓"一封二杀三补": (1)水稻播后苗前丙苄之类除草剂封闭处理;(2)杂草 2—3 叶期喷施稻杰、稻喜之类的茎叶处理除草剂;(3)杂草 5—6 叶期再补施一次药。一些果树苗地使用除草剂喷洒次数更多,有的甚至喷洒次数高达一年 5 次。以 2022 年中国中部省份湖北省宜城市鄢城区铁湖村十二组作为调查样本,调查结果是:小麦每年施用除草剂成本是 15 元/亩;水稻每年施用除草剂成本是 23 元/亩。当地农作物一年两季,每亩地在种一季小麦作物之后再种一季水稻作物,一季小麦作物和一季水稻作物加起来共施用除草剂 38 元/亩,剂量和成本都是不低的。如此长年累月地积累,残留在土壤中的除草剂必然会越积越多,其毒副作用会逐渐加剧。

除草剂对土壤的危害超过了农药,在直接杀灭土壤各种杂草的同时,也殃及土壤中诸如蚯蚓之类的益虫和各种有益微生物,破坏了土壤里微观有机生态系统。

有人在清理河道水草的时候使用了除草剂,后来又有人把使用过除草剂的河水拿来浇灌蔬菜地,结果蔬菜全部枯死。未被杂草吸收的除草剂成分会游离于土壤之内,导致土壤被污染。长期使用除草剂,大约 20%甚至高达 70%的除草剂残留成分长期存在于土壤之中,导致土壤毒化乃至"癌化",形成所谓的"癌症田"。在被除草剂毒化为"癌症田"的土壤里,农作物难以改茬,几乎无法改种其他作物,且产量极低,有的甚至绝收。[①]

世界知名科学科技新闻杂志《新科学家》(*New Scientist*)1986年 9 月 18 日刊登文章称,苯氧基醋酸除草剂对于消灭宽叶草如马

---

① 李建伟:《他用发明让千万亩"癌症田"得到医治》,《中国知识产权报》2009 年 4 月 15 日。

齿苋、龙葵等很有效,在小麦、玉米、高粱等农田中广泛使用。但越来越多的证据表明,苯氧基醋酸除草剂会导致一些雄性小鼠出现脑瘤,导致美国堪萨斯农民患淋巴系统的肿瘤疾病"非何杰金氏淋巴瘤"。人暴露在苯氧基醋酸除草剂下,一年超过20天就有可能患非何杰金氏淋巴瘤。[①]

### 3. 化肥对乡村生态环境的污染危害

化肥是化学肥料的简称,是一种采用化学方法制成的含有一种或几种农作物生长营养元素的肥料,也称无机肥料,包括氮肥、磷肥、钾肥、微肥、复合肥料等。有氮肥、磷肥、钾肥等单元肥料,也有氮、磷、钾三种营养元素中含有两种或三种的复合肥料,其中的有效元素为氮、磷、钾、钙、钠、锰、硫、硼、铜、铁、钼、锌等,依据其中的百分含量确定其肥力效率。

各类化肥具有四个共同特点:

(1)化学成分单纯,肥料养分含量高。

(2)对农作物肥效快,肥力猛。

(3)在肥料发挥作用过程中有酸碱反应。

(4)一般不含有机质,也不增加有机质,对土壤无培肥作用。

根据国家统计局公布数据,2021年我国农用化肥施用量5191万吨(折纯)。依照已经公布的数据测算,近些年,中国化肥亩均使用量为 299.17 千克/公顷,巴西、美国分别为 241.38/公顷、190.60 千克/公顷,全球同期平均水平仅为 153.81 千克/公顷。我国单位面积农田中化肥的使用量高出全球平均值 145.36 千克/公

---

① 张佩元摘译:《农民中的癌症归罪于流行的除草剂》,《农业环境保护》1988 年第 2 期。

顷,居全球之冠,在化肥的使用剂量方面严重超量。

化肥对生态环境带来的污染危害可以概括为以下三个方面:

一是长时期大量使用化肥导致土壤环境中重金属、有毒元素不断增加和积累,这些重金属、有毒元素既污染环境,又直接危害人体健康。化肥中可导致污染的重金属主要有镉、汞、砷、氟、钴、铬等。中国化肥使用中磷肥占比为20%左右,磷矿石中含有大量有害元素砷和氟,磷肥中带有三氯乙醛,对作物和生态有毒害作用。科学研究表明,长期施用化肥可以导致土壤中重金属元素不断富集,比如,长期施用硝酸铵、磷酸铵以及复合肥,可使土壤中砷的含量达到50—60毫克/千克,在砷含量高的土壤中生长出来的食物,人食用以后对人体健康有毒害作用。

二是长时期大量使用化肥导致土壤环境中微生物活性降低,有毒物质难以转化或降解。土壤微生物是个体小但能量不小的生物活体,既是土壤有机质转化者,又是植物营养元素的活性储存库,具有转化有机质、分解矿物和降解有毒物质的特殊功能。长时期大量使用化肥导致土壤环境中微生物活性降低,土壤板结化,土壤酸性化,导致土壤肥力下降和所生产食物营养质量降低。

三是长时期大量使用化肥导致土壤环境中养分失调,硝酸盐累积,酸化加剧。中国施用的化肥以氮肥为主,磷肥、钾肥和复合肥相对少一些,长期施用氮肥造成土壤营养失调,导致硝酸盐累积,导致土壤酸化。磷酸钙、硫酸铵、氯化铵在植物吸收肥料中的养分离子后,土壤逐渐变酸,加速土壤酸化。

除了以上农药、除草剂和化肥之外,还有一种对生态环境的破坏越来越明显的化学制品是化学洗涤剂。化学洗涤剂是人们的日常生活必需品,使用量越来越大,在日常生活中必不可少。化学洗涤剂含有漂白剂、荧光剂、增白剂、清新剂、蛋白酶、甲醛等有害化学物质,目前已经成为乡村环境的又一大污染源。

另外,农田使用的植物生长素与调节剂、化工生产基地排放的化学物、人畜粪便、燃气燃煤等,都对乡村环境有污染作用,但与除草剂、农药、化肥、化学洗涤剂相比,污染力要小许多。

## 二、化学污染的生物富集效应及其对"非靶标生物"和人体健康的严重危害

### 1. 化学污染的生物富集效应

化学污染在食物链中具有生物富集效应,或称生物富集作用,这是生态系统中被人们忽略但实际上有巨大危害的一个生物规律。

生物富集效应是污染物质的生化浓缩。生化浓缩指某些生物不断从环境中摄取浓度极低的污染物质,在其体内逐渐聚集,最后可以使该污染物质在其体内积累到相当高的浓度,引起其他生物(或人)在食用该生物时中毒。

在生物富集效应中,生物富集的污染物质主要是重金属(镉、汞、铅等)、芳香烃类物(以农药居多)、有机大分子聚合物等,其中,水生生物的富集效应尤为明显。例如,绿藻能把水中1ppm滴滴涕(DDT)的浓度富集到220倍浓度,水蚤更能把0.5ppm DDT的浓度富集到惊人的10万倍浓度。

美国旧金山北部休养胜地明湖曾经使用DDT以消灭湖水中的蚊虫。明湖湖水中的DDT浓度仅为0.02ppm,浓度非常低,按

理不会毒死生活在明湖湖水中的鱼类和鸟类,但却出现了不可思议的一幕,生活在明湖湖水中的鱼类和鸟类大量死亡。经过检测发现,明湖湖里的绿藻等浮游生物体内含有高浓度的 DDT,达到 5.3ppm,是水中 DDT 浓度的 265 倍。再检测湖里小鱼脂肪中的 DDT 浓度,高达 10ppm,竟然是明湖湖水 DDT 浓度的 500 倍。继之检测食肉性鱼类的脂肪,其中含有的 DDT 浓度更是出奇高,以致高到 1700ppm,是明湖湖水 DDT 浓度的 8.5 万倍,令全世界科学家震惊。[1]

就农田生态系统而言,生物富集效应对除草剂和农药的富集作用,经过食物链逐级传递并不断蓄积,沉淀于动物、微生物的体内,对农田生态系统中所有生物构成直接的或潜在的威胁,严重地毒害人类赖以生存的整个生态系统。人类作为万物之灵长,高居生态系统中食物链的顶端,经过食物链的逐级向上传递,最终会富集到人类身体中,对人类的健康会造成巨大的威胁和危害。

曾经获得诺贝尔奖的 DDT 农药,一度被视为对所有害虫有效而对人类无害的"神奇的杀虫剂",但后来被科学家证明为强致癌物,从 20 世纪 70 年代以来逐渐被世界各国禁止使用。

DDT 农药的一度辉煌和之后跌落,是化学农业危及人类生命安全的一个经典案例,在向世人敲响化学农业警钟的同时,也向世人昭示:化学农业不是人类良性生存方式,而是人类的取亡之道,人类若欲"为子孙计",对之应予以彻底摒弃,回归到老子所倡导的"人法地、地法天、天法道、道法自然"的自然主义生态农业。

---

[1]　陈宗保:《土壤中有机农药残留分析及有机磷农药降解行为研究》,南昌大学 2006 年硕士学位论文。

## 2. 化学污染对"非靶标生物"的严重危害

农业生物学中有一个概念叫"非靶标生物"。非靶标生物指那些受到除草剂、农药等化学品毒副作用影响而死亡但原本不在除掉之列的生物。除草剂和农药对土壤中的微生物具有巨大的毒副作用，可直接杀死农田里各种肉眼可见的生物和土壤中的微生物，也可使其慢性中毒死亡，严重破坏农田生态系统和土壤中的微生态系统。

例如，稻田里使用的克百威、甲胺磷等农药对鱼类的毒性就非常大。这类农药一旦进入水域，鱼类和其他水生生物几乎在劫难逃。直到 20 世纪 70 年代，中国的稻田里还有白鹭、鱼虾、泥鳅、黄鳝、青蛙、蚯蚓等大量的农田伴生生物，但现在农田里已很少见。

非靶标生物中有大量生物是对农田有正面作用的益虫。农药在消灭害虫的同时，也杀死了以害虫为天敌的益虫，打乱了益虫与害虫之间的生态平衡。

初期阶段，害虫被农药大量毒死，导致益虫因缺乏食物而难以生存，益虫随之死亡。后期阶段，害虫因没有天敌而暴增，不断繁殖和更加猖獗。例如在杀死稻飞虱的同时，会大量杀死稻飞虱的天敌稻田蜘蛛，结果稻田里的稻飞虱因没有了天敌稻田蜘蛛而大暴发。

蚯蚓是土壤中的重要有益生物，对土壤的团粒结构和营养成分具有改良和促进作用，有利于农作物的生长，是农田生态系统中一个重要的良性循环环节。农田中的一些有益鸟类和小型哺乳动物都以蚯蚓为食料，但克百威等农药可毒死蚯蚓，使农田里蚯蚓数量大大减少甚至绝迹,从而对一些有益鸟类和小型哺乳动物带来毁灭性的影响。

### 3.化学污染对人体健康的严重危害

人类处于地球食物链的顶端,化学污染在食物链中的生物富集效应最终会传递给人类,对人类身体健康造成极其严重的危害和威胁。由化学农药、化学除草剂、化学肥料、化学转基因、化学生物剂等大量施用后所产生的毒素导致我国乡村环境污染、土壤退化、生态失衡及农产品毒化,在我国乡村已达到惊人的程度。

农药、除草剂的直接毒害有目共睹,容易理解,但看似无害的氮肥伴生物硝酸盐,也具有极大的毒副作用。氮肥在我国化肥中使用量最大、最广泛,氮肥使用过程中产生的硝酸盐沉积在土壤中,通过农作物吸收后,再通过食物摄入人体,会对人体产生毒副作用。硝酸盐可以使血液的载氧能力下降,诱发高铁血红蛋白血症。同时,硝酸盐在体内转变成强致癌物质亚硝胺,诱发各种消化系统癌变,危害人体健康,是我国癌症高发的原因之一。除草剂和农药在人体中可以致癌、致畸、致突变。国际癌症研究机构对除草剂和农药的致癌、致畸、致突变作用进行了大量动物实验,已经确证除草剂和农药具有明显的致癌毒副作用。全球癌症患病率高发,呈现出爆炸式增长态势,与除草剂和农药的广泛使用密切相关。

2018年中国新增癌症患者430万人;2019年中国新增癌症患者440万人;2020年新增癌症患者457万人;2021年新增癌症患者468.8万人;2022年新增癌症患者482万人。从2018年到2022年,五年之内年年攀升,五年后比五年前新增的癌症患者达到52

万人,中国每年死亡的癌症患者超过 300 万人,未死亡的带癌生存患者总计超过 1000 万人。如此之高的新增癌症患者、死亡人数以及高达上千万的带癌生存患者,是化学农药、化学除草剂、化学肥料、化学转基因、化学生物剂等大量施用后所生产的毒素对乡村生态环境污染毒化的必然结果,站在地球食物链顶端的人类,受到了自然界的惩罚和报复。

另外,化学农业中的化学农药和化学除草剂在人体内不断积累,短时间可能不会引起人体出现明显的急性中毒症状,但时间一长则可破坏神经系统,干扰人体内分泌平衡,有可能导致免疫缺陷,甚至可能影响生育力。

### 三、户田产对解决乡村生态环境污染难题的作用

我国乡村生态环境污染难题在 20 世纪 80 年代以前是不存在的,因为在 80 年代以前农药、化肥没有得到大剂量和大面积的广泛使用,除草剂还没有开始在农田使用,至于现阶段广泛使用的转基因作物、植物生长剂和动物饲料生长剂以及各类化学制剂等更没有在乡村生产生活中开始使用。

20 世纪 80 年代以后农药、化肥得到大剂量和大面积的广泛使用;90 年代中期以后除草剂开始在农田使用并逐步铺开;进入 21 世纪,转基因作物、植物生长剂和动物饲料生长剂大规模在农业生产中使用起来。自进入 21 世纪以来,我国进入化学农业时代,相应地,我国乡村生态环境污染问题也在进入 21 世纪以后开始严重起来,至今已经成为一个严重影响身体健康和生命安全的大难题。

党的十八大把生态文明建设纳入中国特色社会主义事业"五

位一体"总体布局,明确提出大力推进生态文明建设,努力建设美丽中国,以实现中华民族永续发展。

恩格斯曾经说过:"我们不要过分陶醉于我们人类对自然界的胜利。对于每一次这样的胜利,自然界都对我们进行报复。"①

人类的发展活动必须以尊重自然、顺应自然、保护自然为前提条件,否则将会自食后果,危及人类自身。只有让经济发展方式实现绿色转型,才能适应自然界的客观规律。绿色是生命的象征,是大自然的底色;绿色是对美好生活的向往,是人民群众的热切期盼;绿色发展代表了当今科技和产业变革方向,是最有前途的发展领域。因此,破解我国乡村生态环境污染难题,是全面振兴乡村题中应有之义。

户田产是一种具有复合功能的混合型经济产业,兼具自然经济、计划经济、市场经济三重经济属性,其中的自然经济属性和计划经济属性对我国乡村生态环境污染难题具有天然的破解作用。

户田产对我国乡村生态环境污染难题的破解作用主要表现在以下五个方面:

第一,从户田产的生产目的来看,户田产内的食物生产是为了满足家庭食物需求而不是为了满足市场需求,不是为了赚钱和追求利润,这就决定了户田产内的食物生产只追求质量而不追求数量。户田产内食物生产的质量体现在两个方面:一是食物的营养;二是食物的绿色、生态、有机、环保。食物的营养可以通过选择富有营养的食物种类以及优选良好品种来解决,而食物的绿色、生

---

① 《马克思恩格斯文集》第9卷,人民出版社2009年版,第559—560页。

态、有机、环保,则需要抛弃以往的化学农业,需要彻底地"去污染化",彻底地告别以往有可能带来污染的生产方式和方法。

以往有可能带来污染的生产方式和方法包括农药、除草剂、化肥、转基因、化学制剂等,都将会在户田产生产过程中予以排除掉。这是户田产自产自销、自给自足的生产目的所必然决定的。这种生产目的的"改变",由过去供给市场而变为供给自己,由满足市场需求而变为满足自己需求,这种"改变"看似简单,变化不大,却带来了革命性的变化,具有了不起的意义,为破除乡村生态环境污染难题找到了内在动力机制和内生原动力。通过这种生产目的的"改变",人们会自觉自愿地告别以往带有严重污染的生产方式和方法,而自觉自愿地走上自然、绿色、生态、有机、环保的生产方式。

第二,从户田产的生产规模来看,户田产占地规模限定在人均一亩三分地,五口之家才6.5亩地,生产规模小,完全可以做到"去污染化",完全可以告别以往有可能带来污染的生产方式和方法。6.5亩地,面积虽然不大,但在优良品种下,粮食产量高,一亩地一年一季小麦和一季稻谷所产的粮食超过2000斤,一亩地所产粮食足够五口之家吃一年,6.5亩地一年所产粮食足够五口之家吃三年以上,因而不必追求粮食产量,粮食产量不在户田产之家的思考范围内。

户田产之家所思考的问题是如何保证粮食生产的质量,粮食生产的质量包括口感上的好吃、营养上的富有营养、健康上的无污染三个方面。由于6.5亩地的面积不大,就在家门口,就在自家庭院里,耗费劳动量最大的杂草铲除可以不用除草剂,完全可以像古代一样用锄头等手工工具铲除,也可以采用现代的天然气喷火除草工具除草。其他有可能带来污染的农药、化肥、转基因、化学制剂也因生产规模小，可以采用古代传承数千年的传统生产方式和方法来生产食物。

第三，从户田产的生产位置来看，户田产是一种"房田合一"的重资产，生产与生活在地理方位上是完全的"二合一"。户田产里的"田"就在家门口，就在自家庭院里，"田"里的任何污染会直接污染到"房"里，直接危害家人的身体健康，为了保证家人的身体健康，不采用自然、绿色、生态、有机、环保的"去污染"生产方式和方法不行，从而彻底抛弃任何带有污染的食物生产方式和方法。这与农民远离家庭居住房屋进行食物生产完全不一样，以往的农田离家比较远，农田里的污染不会直接污染到自家居住的房屋里，加之生产的食物主要不是自家食用，而是提供给市场，卖给别人食用，这两点使生产食物的农民感觉不到污染对自己的危害。

这种生产位置的"位移"，由远处"位移"到近处，由远离居住房屋"位移"到紧挨居住房屋，看似简单，变化不大，却带来了革命性的变化，具有了不起的意义，迫使户田产之家走上发展生态经济和建设生态文明的道路。

第四，从新型集体经济与户田产综合体开发建设来看，两者是联系在一起、捆绑在一起、融合在一起的。如果户田产之家采用了"去污染化"的绿色生产方式和方法，而村民的新型集体经济依然采用过去那种带有严重污染的生产方式和方法，那么户田产之家是不会答应的。另外，综合体被生态环境污染会对户田产的售价产生影响，反过来会影响以土地入股的村民集体利益和村民个人利益。

目前全国范围内的乡村生态环境污染之所以不可控，是因为在家庭联产承包责任制下每个农民家庭分散"单干",自主经营,国家和外力都无法干涉和干预,其本身就具有不可控的特点。但若把分散的土地重新集中起来,走新型集体经济之路,让村民集体置于党员干部的领导之下,就具备了可控的条件,只要基层党组织采用了绿色生产方式和方法,整个村集体就走上了绿色发展之路。

从理性和理智的角度看,走绿色发展之路,可以让户田产卖出好价钱,村民集体和村民个人都会倾向于选择绿色发展道路。由于村民集体为了户田产开发需要让出一半至三分之二的土地,剩下一半或者三分之一的土地,在面积上至少减少了一半,相应地"大片田地"的劳动量也减少了至少一半,村民集体恢复到改革开放以前的绿色生产方式和方法是完全可行的。

第五,从户田产返古开新的角度来看,户田产对传统的小农经济优势不是弃之不用,而是充分利用。一方面,户田产学习房地产,利用现代市场经济条件下"点地成金"的金融功能;另一方面,户田产又借助自古传承下来的小农经济优势,对冲现代市场经济所存在的唯利是图和波动不稳的缺点,对冲市场经济天然存在的市场风险、市场失灵、市场失控和市场失败,以市场经济的补充形式出现并弥补市场经济存在的各种缺陷。

"返古开新"之"返古"就是要返璞归真,重返大自然,与大自然和谐共生,具体到农作物的生产方式和方法上,"返古"就是要回复到古代的绿色生产方式和方法。千百年来,中华祖先没有使用化肥,使用的都是有机农家肥,《孟子·滕文公上》有"粪其田",《荀子·富国》有"多粪肥田",《韩非子·解老传》有"积力于田畴,必且粪灌",中国普通老百姓都懂得"庄稼一枝花全靠肥当家","肥当家"之"肥"指的是有机的农家肥料,而不是无机的化学肥料。一直到 20 世纪 80 年之前,捡牛粪、捡马粪、捡驴粪、捡鸡粪、捡鸭粪以及利用草皮、树叶"积肥"都是常干的农活。至于农药,中国农业自古以来就不需要,自然界的多样化生态系统会自然消除病虫害,比如青蛙吃害虫,飞鸟吃害虫。

除草剂只是最近二十多年才有的除草方法,直到 20 世纪 80 年代以前,中国农民一直采用的是锄头除草。我们经常说的"一分耕耘,一分收获"和"耕耘不辍"中"耘"字,就是除草培土的意思。① 自古以来,农夫劳动量最大的农活除了"耕田",就是"耘田",除去杂草和培植土壤的"耘田"劳动量往往不亚于"耕田","耕田"只需要种一茬庄稼耕一次,但"耘田"种一茬庄稼需要耘好几次。勤劳的中国农夫,自古不畏艰辛,既会"锄禾日当午,汗滴禾下土",又会"捣开碧嶂千村杵,锄入青云四野农"②,"山鸟过云语,田夫半岭锄"③

现代人缺乏劳动锻炼,大多身体超重,肥胖人太多,用锄头除草是一种很好的健身方法,不妨学习自己的祖先,在田间除草,锻炼身体,享受田园耕耘之乐。尤其是我们的少年儿童和青年学生,可以把用锄头除草作为一种劳动锻炼课,新型集体经济与户田产综合体内部的户田产之"小田"和村民集体之"大田",都是少年儿童和青年学生用锄头除草学会"耘田"、进行劳动锻炼的好地方。因此,除草剂在新型集体经济与户田产综合体内部完全可以用手工除草替代。

---

① 汉代许慎《说文解字·耒部》:"除苗间秽也。从耒,员声。""耒"字指用农具耒除草,"云"字意为"回旋团聚"。"耒"与"云"合为一字,表示用农具耒在农作物植株周围除草和培土,即把除去了杂草的泥土聚集在农作物植株根部的周围。

② (清)周来贺:《桑植县志》,卷四,《艺文志》。

③ (北宋)韩琦《安阳集》,卷八,《文集·过吴儿谷》。

# 第七章　户田产发展建议

## 第一节　深化土地制度改革

党的二十大报告指出"明确我国社会主要矛盾是人民日益增长的美好生活需要和不平衡不充分的发展之间的矛盾"。其中提及的"不平衡发展",主要体现在城乡间发展的不平衡;"不充分发展",则主要体现在农村发展的不充分。

我们常说,我国全面深化改革已经步入深水区、攻坚区,面对的都是"硬骨头",难啃难解,需要冲破传统思想观念的束缚,壮士断腕,背水一战。

全面振兴乡村,是我国深化改革的深水区、攻坚区,是我国下一阶段攻坚克难中最难啃的一块"硬骨头"。面对全面振兴乡村这一宏大历史命题,本书提出的应对之策是发展户田产。对于如何发展户田产,笔者提出以下尚不成熟的建议,希望能够抛砖引玉。

### 一、乡村振兴的核心是土地资源的整合利用

土地是人类生存、生活、生产、生态、生命"五生"的源泉。

中国自古"以农立国",土地问题是中心问题、核心问题,土地制度是最基础的制度,围绕着土地问题和土地制度,历代治理天下的统治者不断依据当时情况进行调整和改革,从西周的井田制到汉代的占田限田制,到唐代的均田制,到明末农民起义军的"均田免粮",到太平天国运动的"天朝田亩制",再到孙中山的"平均地权",都企图通过土地问题的解决赢得天下民心民意。

1921年中国共产党登上历史舞台以后,也紧紧抓住土地问题这一中国的核心问题进行土地革命,从土地革命时期的"打土豪分田地",到抗日战争的"减租减息",再到解放战争的"耕者有其田"土地改革运动。1949年中华人民共和国成立以后,为了以农哺工、推进中国工业化,中国共产党领导中国人民实行了计划经济体制下的人民公社集体经济制,实行"三级所有,队为基础";1978年党的十一届三中全会确立改革开放之后,中国开始实行双层经营体制下的家庭联产承包责任制。

总的来看,土地制度一直在改革升级,地权变动是人类土地制度的常态。中国社会非常重视土地的稳定,限制土地买卖和土地兼并,但是地权变动仍然不可阻止,以至于民间有"千年田八百主"的谚语。

以上所论,只是为了说明土地制度总是处于不断变动之中,我国对于现有的土地制度,不墨守成规,固守不变,应当因时而变,因势而变,可根据国家发展态势和具体需要作出适当的土地制度调整,甚至是突破性的改革。

四十多年的改革开放,中国经济高速发展,工业化基本完成,

城市化成就辉煌,其中一个关键点就是城市土地金融化,城市土地被赋予了金融属性和金融价值,其标志性产业就是房地产。应当学习城市房地产开发的成功经验并运用于乡村振兴之中。要诀就是,对乡村一部分土地赋予金融属性和金融价值,把户田产发展成为全面振兴乡村的标志性产业。

### 二、我国农村土地制度不断调整、与时俱进

《中共中央关于制定国民经济和社会发展第十四个五年规划和二〇三五年远景目标的建议》中提出,"坚持把解决好'三农'问题作为全党工作重中之重,走中国特色社会主义乡村振兴道路,全面实施乡村振兴战略,强化以工补农、以城带乡,推动形成工农互促、城乡互补、协调发展、共同繁荣的新型工农城乡关系,加快农业农村现代化"。其中,把深化农村改革和土地管理制度改革作为全面实施乡村振兴战略中的一项重要内容。

目前我国农村土地按性质可分为三类:宅基地、承包经营地(仅限农用)和农村集体经营性建设用地。当前,我国农村"三块地"的制度建设在逐渐完善之中。

宅基地所有权、资格权、使用权"三权分置",对使用权的确权接近80%。宅基地是农民住房土地,遵循"一户一宅"政策。

2023年中央"一号文件"提出,赋予农民更加充分的财产权益。深化农村土地制度改革,扎实搞好确权,稳步推进赋权,有序实现活权,让农民分享更多改革红利。研究制定第二轮土地承包到期后再延长30年试点工作指导意见。稳慎推进农村宅基地制度改革试点,切实摸清底数,加快房地一体宅基地确权登记颁证,加强规范管理,妥善化解历史遗留问题,探索宅基地"三权分置"

有效实现形式。深化农村集体经营性建设用地入市试点,探索建立兼顾国家、农村集体经济组织和农民利益的土地增值收益有效调节机制。保障进城落户农民合法土地权益,鼓励依法自愿有偿转让。巩固提升农村集体产权制度改革成果,构建产权关系明晰、治理架构科学、经营方式稳健、收益分配合理的运行机制,探索资源发包、物业出租、居间服务、资产参股等多样化途径发展新型农村集体经济。健全农村集体资产监管体系。保障妇女在农村集体经济组织中的合法权益。继续深化集体林权制度改革。深入推进农村综合改革试点示范。目前,宅基地的确权登记主要围绕使用权展开。目前农村宅基地和集体建设用地登记率达80%以上。

承包经营地的所有权、承包权、经营权"三权分置",经营权确权工作接近尾声。承包经营地是农民承包后进行种植的土地,只能用于农业生产,不能有其他用途。自改革开放以来,我国实行家庭联产承包责任制。1998年,党的十五届三中全会明确了稳定完善土地承包关系的关键地位,提出承包期延长30年的政策并抓紧制定相关法律法规。2017年党的十九大报告及2023年的中央"一号文件"也均表明落实好30年政策。承包经营地的所有权属于村集体,经营权隶属农民个人,是承包经营地确权的主要工作内容。截至2020年11月15日,据农业农村部信息,全国农村承包地经营权确权率已超过96%,累计将15亿亩承包地确权给2亿农户。实际工作中,受土地测量较难实现、农户间的历史遗留冲突等影响,仅半数左右的农户拥有土地证书,颁证环节有待进一步推进。

农村集体经营性建设用地二次入市迎来制度依据。根据城乡二元属性,我国建设用地分为国家建设用地和农村集体建设用地。

农村集体经营性建设用地指存量于农村集体建设用地中,土地利用总体规划和城乡规划确定为工矿仓储、商服等经营性用途的土地。历史沿袭下,我国农村集体经营性建设用地主要位于东部沿海及各地城乡接合部等区域。2005 年 10 月,国土资源部印发《关于规范城镇建设用地增加与农村建设用地减少相挂钩试点工作的意见的通知》,试点开展土地增减挂钩工作。随着试点工作推进的相对成熟化,2019 年,《自然资源部关于开展全域土地综合整治试点工作的通知》发布,进一步明确农用地整治结余的建设用地指标按照城乡建设用地增减挂钩政策,在省域内流转。2020 年 6 月,《自然资源部关于 2020 年土地利用计划管理》提出,在全国范围内鼓励开展城乡建设用地增减挂钩,增减挂钩管理计划由各省(区、市)根据需要确定。2020 年新修订的《中华人民共和国土地管理法》明确了农村集体经营性建设用地可以入市交易,从法律层面为农村土地入市提供了制度依据,也为户田产开发打开了契机。

### 三、改革土地制度为户田产打通"最后一公里"

2020 年 1 月 1 日实施的最新修订的《中华人民共和国土地管理法》第四条:"国家实行土地用途管制制度。……将土地分为农用地、建设用地和未利用地。严格限制农用地转为建设用地。"根据此条法律,我国《土地管理法》把农村土地分为三大块:(1)农用地;(2)建设用地;(3)未利用地。在这三大块土地中,第一块"农用地"由于受到"严格限制农用地转为建设用地"的法条限制,几乎不可能由农用地转变为建设用地。

户田产"最后一公里",也是户田产的最大难点,就在于每一户的户田产内的"田"属于农村的农用地,虽然通过票证化或别的金融形式来完成分割、交易和变现,但和城市房地产的产权相比,其属性令城市投资者缺乏安全感,从而需要更长的过渡期。为了使农村土地彻底实现金融化改革,就必须使之有更明确的确权,使城市投资者(尤指个人投资者而不是大开发商)的投资既有价值又安全稳定,这样,投资商们才会主动投资乡村,形成一个按市场规律运行的良性闭环。在现行土地制度下,农村土地不可买卖交易,这是新型集体经济与户田产综合开发的"最后一公里"。

从耕地方面来看,在进行新型集体经济与户田产综合开发时,所圈定或划定的耕地总面积(总数量)不会减少,若有好的发展趋势,有可能还会增加耕地面积。由于采用人工造田方法,提高了户田产内"田"的土壤质量,使新型集体经济与户田产综合体内耕地的质量总体上有所提高,笔者还构思过利用建筑技术对楼顶完整平面和各楼层外延进行田地改造的思路,这有待深入研究。从这一点推论,按理应当得到相关部门的支持,但毕竟缺少农用耕地金融化的法律条文支持,这是不得不承认的现实。

要打通这一"最后一公里",需要主管部门解放思想,实事求是,大胆创新,为户田产试点和试验开绿灯,在完善相关手续之后,按照国际惯例,特审特批,以特许经营方式予以特殊对待,授予户田产经营企业特许经营权,组建新的中央企业推动下属户田产特许混合型企业,先行试点。待将来国家立法完善之后,"最后一公里"的难点已经打通,其特许经营权再转变为一般经营权。

## 第二节　加强顶层设计与综合施策

### 一、城乡统筹性顶层设计

2021 年 2 月 21 日,中央"一号文件"指出,坚持农业农村优先发展,坚持农业现代化与农村现代化一体设计、一并推进。2020 年 12 月 28 日,在中央农村工作会议上,习近平总书记强调:"全面实施乡村振兴战略的深度、广度、难度都不亚于脱贫攻坚,必须加强顶层设计,以更有力的举措、汇聚更强大的力量来推进"。[①] 发展户田产,本书建议,要按照 2021 年 2 月 21 日中央"一号文件""农业现代化和农村现代化一体设计、一并推进"的要求和 2020 年 12 月 28 日习近平总书记"必须加强顶层设计"的指示,进行城乡统筹性顶层设计,这是把户田产发展起来的一个重要环节。

人社部、住建部、自然资源部、农业农村部、国家林草局,甚至加上相关的行业央企应当联合建立"新农村发展建设研究院",专门进行城乡统筹性顶层设计。为新型集体经济与户田产综合体的开发建设而进行的城乡统筹性顶层设计主要包括五个方面:

(1)双户口制度。乡村农民可以在乡村有自己的户口,在城市也可以有自己的户口,不管是在乡村还是在城市,可通过户口"一卡通"由卫星定位自动确认;同样,城市市民在城市有自己的户口,在乡村也可以有自己的户口,不管是在城市还是在乡村,可通过户口、身份证"一卡通"由卫星定位自动确认。由此在全国范

---

① 习近平:《论"三农"工作》,中央文献出版社 2022 年版,第 11 页。

围内确立"双户口制度"。

（2）双资产制度。乡村农民可以在乡村有自己的土地和房屋等资产，在城市也可以购买房产，拥有自己的城市资产；同样，城市市民在城市有自己的房产或店铺等资产，在乡村也可以购买户田产，拥有自己的乡村资产。由此在全国范围内确立"双资产制度"。

（3）同等待遇制度。对现行的城乡区别对待和差异化待遇逐步予以取消和抹平，逐步做到城乡无别、干群无别，消除城乡差别、职业差别。无论是乡村农民，还是城市市民，在教育、医疗、求职、保险、养老、住房等各个方面一律平等，同事同权，同等待遇。由此在全国范围内确立"同等待遇制度"。

（4）全国城乡双向流动和双向循环。乡村的人才、资金可以向城市自由流动；同样，城市的人才、资金可以向乡村自由流动。由此在全国范围内确立城乡双向流动和双向循环。

（5）城乡打通和城乡一体化。通过确立双户口制度、双资产制度、同等待遇制度，实现全国城乡双向流动和双向循环，可以把城乡打通，完成城乡一体化建设，在全国建立社会主义市场经济下的统一大市场。

## 二、综合集成性顶层设计

在户田产顶层设计中综合集成性顶层设计是重要一环。为新型集体经济与户田产综合开发而进行的综合集成性设计主要包括三个方面：

（1）新型集体经济与户田产综合开发把自然经济、市场经济、计划经济三种经济形态综合集成在一起，优势互补，各展其长。

户田产庭院内"田"的耕种,是自产自食、自给自足。通过户田产把家庭小农业捡起来,予以恢复,发扬光大,这一点属于自然经济。

户田产可以像房地产一样按揭贷款购买,可以在市场上自由交易和买卖,作为固定资产的户田产可以通过交易变现为资金,这一点属于市场经济。

户田产所占有的土地面积按照全国人均一亩三分地,实行均等占有,一般不让多占,多占会付出高昂的税收代价,这一点属于计划经济。

自然经济、市场经济、计划经济各有优长,各有其独特功能,三者集成在一起,可以实现以优补短,相得益彰以及优势互补,比单纯的自然经济、单纯的市场经济或单纯的计划经济更具有优越性,具有发展潜力和发展前景。

(2)新型集体经济与户田产综合开发把科技元素、哲学思想、建筑风格、艺术情怀等多种类元素综合集成在一起,融入综合体开发建设的设计理念之中,设计出多种风格的新型集体经济与户田产综合体。

比如"道家风格",把太极图、八卦田等理念融入新型集体经济与户田产综合体的设计之中;"唐式风格",把唐朝的哲学思想、建筑风格、艺术情怀融入新型集体经济与户田产综合体的设计之中。

又比如"徽式风格",把安徽徽商的哲学思想、建筑风格、艺术情怀融入新型集体经济与户田产综合体的设计之中。

再比如"欧式风格",把欧洲哲学思想、建筑风格、艺术情怀融入新型集体经济与户田产综合体的设计之中;等等。

（3）新型集体经济与户田产综合开发把家庭私有制、集体公有制、股份公司制（混合所有制）三种所有制综合集成在一起，同样具有优势互补、各展其长的优势。

户田产属于家庭私有制，属于"小片"田园；户田产外的"集体大田"属于集体公有制，属于"大片"集体庄园；村民集体与户田产综合开发商联合成立的户田产股份公司属于股份公司制（混合所有制）。这种"小片"与"大片"相结合、公私同存并举的经济结构，是一种"私"与"公"界限分明、同向发展的最佳经济结构。

通过自然经济、市场经济、计划经济三种经济形态的综合集成，科技元素、哲学思想、建筑风格、艺术情怀等多种类元素的综合集成，以及家庭私有制、集体公有制、股份公司制（混合所有制）三种所有制的综合集成，在乡村构建"户田产+"新模式，实现乡村一二三产业融合，共同发挥作用，共同推进乡村振兴。

### 三、整体推进性顶层设计

在户田产顶层设计中整体推进性顶层设计也是重要一环。为新型集体经济与户田产综合开发而进行的整体推进性顶层设计主要包括三个方面：

**1. 把"旧三农"整体推进转型升级为"新三农"**

旧农民，"口朝黄土背朝天""扶犁黑手"，收入低、缺知识、没见识，这种旧农民的形象在户田产下要彻底改变，要改变成"亦工亦农亦商亦智"的新农民。

"各家自扫门前雪，不管他人瓦上霜"，一家一户"单干"的旧农民要转型升级为新型集体经济下的新农民，互帮互助，互敬互爱,确立新的社会风尚。

通过整体推进,把旧农村整体城市化,使之完全具备城市生活的各种先进要素和各种服务设施,各方面的生活条件并不输于城市,把旧农村完全转化为城市化的新农村。

旧农业采用除草剂、农药、化肥,甚至采用转基因种子,是一种高污染、高毒素的化学农业,对此,旧农业要通过整体推进予以彻底扭转。在户田产综合设计和综合开发下,有害的化学制品要尽量摒弃,返古开新成新时代的绿色农业、生态农业状态。尤其是每一个私有的户田产家庭,在其所拥有的户田产庭院内进行的食物生产要彻底抛弃除草剂、农药、转基因,所生产的食物要绿色、生态、有机、环保,是高质量的纯天然食品。

### 2. 把"一业兴旺"整体推进和整体转型升级为百业兴旺

在世人的心中,农村只生产粮食、蔬菜、肉类等入口的食物产品,即第一产业产品,只能够"一业兴旺",即单纯地生产食物。至于第二产业的工业产品和第三产业的服务产品则由城市生产和提供,与农村无缘。

这种传统观念是比较封闭的,现在国家提倡农村一二三产业融合发展,目的是希望农村像城市一样"百业兴旺"。尽管国家出台了不少促进农村一二三产业融合发展的举措,但实际效果不佳。因为农村不具备一二三产业融合发展的各种生产要素,首先是缺少人才,其次是缺少资金、技术,最后是缺少交通、服务、咨询等配套条件。

通过户田产综合设计和综合开发,使农村城市化,把城市里"百业兴旺"移植到农村,城市里所拥有的学习地方(幼儿园、小学校),医养的地方(医院、养老院、照护院),各种店铺(酒店、粮店、药店、理发店、美容店、洗衣店、百货店),以及餐馆、加油站等,应有尽有,一应俱全,与之相对应的行业自然可以得到发展,带来就业机会。

在户田产综合设计和综合开发下的新农村,肯定会整体转型升级为百业兴旺。

### 3. 整体布局,整体推进,整体提质升格,整体一步到位

新型集体经济与户田产综合开发是把城市的房地产开发移植到乡村,并且超越了房地产,在更高层级上进行现代化的综合开发。

户田产的一个重要特点就是畅通城乡要素流动,进行全新设计,整体布局,整体推进,整体提质升格,整体一步到位。

首先,在新型集体经济与户田产综合开发建设过程中,生产生活的水、电、路、网、气"五通"要全部跟上,全通全备。

其次,在新型集体经济与户田产综合开发建设过程中,生活消费服务的学、医、养、护、购、吃、休、健、乐、油(加油站),配套设施要全有全备,样样齐全,一样不少,使乡村生活便利条件不输于城市。

最后,在新型集体经济与户田产综合开发过程中,堡垒化(应对生物战)、田园化(庭院经济,就近劳动健身养老)、现代化(庭院外水泥或新材料硬化,出行便利,干净卫生)、花园化(大环境繁花似锦,小环境桃花岛、果树园)、生态化(生产生态食品)等通盘布局,通盘设计,整体推进,整体提质升格,整体一步到位。

# 第三节　开发规模循序渐进

新型集体经济与户田产综合开发,要循序渐进,待试点成功后,从零散开发入手,逐步发展到规模开发,从城内、城郊开发,逐步发展到离城市比较远的偏远地方,最后在全国范围内铺展开来。

### 一、从大城市内部有山区的地方零散开发入手

第一阶段:从大城市内部有山区的地方,零散开发入手。比如从杭州、重庆试点,零散开发。杭州、重庆的城外是山区,市区内也有许多山区,可在市区内寻找零零星星的山地。在杭州、重庆有很多无用山地。

假若耕地 3 亩,房屋和院子内的场地半亩 333.5 平方米,3.5 亩的空间范围即可人工造出一户"户田产",若在杭州、重庆市区内的山区无用荒地,只需要投资 1000 万—2000 万元的成本,但售价可达到 1 亿—3 亿元。卖给大城市最富有的那一批人,或者一批上市公司的老板,他们有这样一处"户田产",可养老,可为子孙留下一个城中田园、花园、果园。又由于在大城市边郊,无须提供任何配套设施。通过零散开发,积累经验,摸清开发成本,同时作出样板,为下一步整体性的规模开发即全要素设计的"户田产"乡村社区综合体打下基础。

### 二、向名胜风景区周边地区进军

第二阶段:向名胜风景区周边地区进军。名胜风景区真正用

于旅游观光的地方只占一小部分,绝大部分闲置,空无一人,像"八百里武当",用于旅游观光的地方只有沿途细细一线,绝大部分没有被利用,没能发挥其生态价值。

据传古代患病之人,例如肺痨(肺结核),到庐山山顶上住一两年,可以不治而愈,但庐山周围有许多地方却闲置。可以通过户田产模式进行人工造田,把其优美环境利用起来,为先富起来的一批人在风景区内或者边沿,采用定制的方法,帮助他们制作户田产。

把向名胜风景区进军的优质生态资源价值化,利用起来,造福国民,让"绿水青山就是金山银山"落地开花。生态本身就是价值。这里面不仅有林木本身的价值,还有绿肺效应。名胜风景区周边地区的良好生态价值和绿肺效应需要想办法加以利用和发挥,户田产是其中方法之一。

### 三、向发达地区的山区拓展

第三阶段:向发达地区的山区拓展。浙江省"七山一水二分田","七山"基本属于无人荒地,但山水风景非常好,无污染,空气中氧气充足,负氧离子高,适宜居住。

户田产发展到第三阶段,可以向浙江省"七山"进军,全要素新设计,进行规模开发,为江浙富商提供"户田产",为落实习近平总书记"绿水青山就是金山银山"的理念找到一个真正的抓手,真正把"绿水青山"变现为"金山银山"。

浙江省安吉县离上海市不远,上海人对乡村旅游的需求把那里的民宿价格炒得非常高。浙江省安吉县乡村旅游业的成功并逐步扩展到整个浙江省西部,使"浙西"成为上海人的后花园。

从上海人对"浙西"的偏爱和开发来看,把生态价值转化为现实的经济价值是生态经济发展的必然,具有广阔的发展前景。

上海人对"浙西"的开发属于零星开发和低层次开发,而户田产的综合开发是全要素设计,整体推进,属于高层次开发,具有更广阔的发展前景。

### 四、向广大农村进军

第四阶段:向广大农村进军。经过以上三个阶段试点、实验和积累,通过劈山开石,人造耕地,户田产得到一定程度的发展,户田产的实际效益也得到显现,户田产业主和周边受益农户对新型集体经济与户田产综合开发尝试获得良好评价和良好反馈,尤其是广大农民看到了实际效果和美好前景,这时向广大乡村进军的时机就成熟了。户田产进入大开发时期,可以像房地产一样,在全国范围内启动户田产大开发,对全国土地进行大规模的新型集体经济与户田产综合开发,从而在全国掀起人工造田运动。

向广大农村进军的户田产大开发才是真正意义的户田产大开发,户田产人工造田才会开始显现和发挥作用,积累数十年、上百年、数百年之功,户田产人工造田功能才会充分显现出来。人工造田,改造山河,改天换地,再造中华,这是户田产的历史使命。

## 第四节 建立特许试点的混合型企业

户田产的试点启动离不开政府和政策的支持,没有政策的支持无法进行特许试点。而且,在农村推进户田产落地的过程中不仅需要有关政府机构和政策的特许开放,还需国有资本的背书和把控,同时再结合民营企业的市场化能力,户田产才能生存发展,并真正释放能量。所以,笔者建议建立新的中央企业,比如"中国新农村开发建设集团有限公司"或"中国乡村振兴规划建设集团",在其之下,则可推动成立户田产类的特许混改企业来探索试点新型集体经济与户田产综合开发,以"种子"公司做示范,逐步设计和完善一个户田产的公司模型,探索合理的运营管理模式、利益分配模式、发展模式是极为关键的。我国近年来一直大力支持民营企业参与国有企业混合所有制改革,在混改企业的探索发展上已有不少成功经验。

## 一、混改企业在中国的发展现状

2021 年 10 月 21 日,国家发展改革委召开推广地方支持民营企业改革发展典型做法专题新闻发布会。有媒体提问:国家发展改革委此前提出以更大力度支持民营企业参与国有企业混合所有制改革,请问目前民营企业参与混改现状如何,取得哪些成效?下一步国家发展改革委还将采取哪些措施鼓励民企参与混改?对此,国家发展改革委体改司有关负责人表示,随着国有企业混合所有制改革的不断深化,民营企业参与混改的深度和广度都有大幅提升,总体进展顺利,阶段性成效突出。

国家发展改革委表示,混改试点方面,2016 年至今,国家发展改革委、国务院国资委牵头开展国企混改试点,先后推出了 4 批共208 家试点。目前,近 100 家试点已经完成了引入战略投资者、调整股权结构、优化公司治理、深度转换经营机制等主体任务,共引入外部资本 2000 多亿元,外部资本平均持股比例达到 35.9%。近

60 家试点企业已经开展或计划同步开展骨干员工持股、限制性股权激励、科技型企业股权和分红激励等中长期激励计划,员工持股占总股本的比例平均为 8.6%。2018—2020 年,中央企业新增混合所有制企业超过 3000 户,引入社会资本共计 5000 多亿元。中央企业所有者权益中,引入社会资本形成的少数股东权益由 2012 年的 3.1 万亿元增加到 2019 年的 8.4 万亿元,少数股东权益占比提高了十几个百分点。2021 年上半年,中央企业通过产权市场、股票市场实施混改 150 余项。各地通过混改引入社会资本超过 900 亿元,不少地方在混改中的战略投资者引进、股权结构、治理机制等方面均呈现灵活多样的特点。民营企业参与国企混改的效果集中体现为“五升五降”,即混改企业治理能力和活力效益提升,亏损面下降;各类资本权益保值增值,企业杠杆率下降;混改企业劳动生产率提升,核心员工流失率下降;混合所有制企业核心竞争力提升,与业内领军企业差距下降;非公有制经济发展空间提升,市场准入限制下降。

国家发展改革委表示,“引资本”与“转机制”相结合。党的十八大以来,按照中央“完善治理、强化激励、突出主业、提高效率”的混改十六字方针要求,坚持做到“三因三宜三不”。国企混改着眼于引入高匹配度、高认同感、高协同性的战略投资者,引导各类投资者积极参与公司治理,加速推进混改企业深度转化经营机制,实现“引资”“引治”“引制”相结合。越来越多的民营企业向混合所有制企业派出董事、监事、经理层等高级管理人员,深度参与公司决策、经营管理和内部监督。以混改试点为例,完成试点主体任务的近 100 家企业中,超过 80 家混改企业在优化调整“三会一层”过程中,均有战略投资者进入董事会。民营企业在市场机制、效率效益、科技创新等方面优势与国有企业的资本、资源、技术、管理优势实现有机融合,混改企业迸发出勃勃生机与强劲发展动能。以混改试点为例,已完成试点主体任务的企业,国有资本权益平均增长20%以上,营业收入较改革前平均增长22.6%,营收利润率较改革前平均提高2.1个百分点,2019年净利润同比平均增长33.9%,其中完成股权激励的企业净利润平均增长43.8%,2020年面对新冠疫情和经济增速减缓压力,企业仍大多保持了良好的发展势头。黄金珠宝、东航物流、江航装备、内蒙古一机、中粮资本、铜牛信息、长电联合、南网能源、有研粉材等十多家试点企业相继登录股票市场,成功实现资产证券化。下一步,国家发展改革委将深入贯彻党中央关于混合所有制改革的部署,进一步延伸工作内容,细化指导服务,研究建立混改引战对接机制,为社会资本参与国企混合所有制改革搭建更多平台和渠道。持续做好优秀混改试点示范和混改典型案例的宣传推广工作,供有改革意愿的企业参考借鉴。围绕国家重大战略,在新能源、储能设施建设等领域开展增量混改。同时,国家发展改革委正在总结混改试点和面上混改实践经验,研究制定深化国企混改实施意见,将实践中形成的规律性认识上升为政策制度,推动国企混改不断深化、取得更大实效,培育更多产权多元、治理现代、激励有效、充满活力的混合所有制企业。

由此可看出,我国混改企业的发展已经比较成熟、稳定并取得了不错的成效。户田产开发需要建立特许试点的混改企业,能找到许多成功案例、既有规则作为参考,具有现实可行性。

## 二、户田产特许混合型企业架构建议性设置

户田产特许试点的混合型企业在企业架构或模型设置上,应

当兼顾三方利益:一是代表国有企业的国有资本的利益;二是代表农民的村集体的利益;三是代表民营企业的投资商的利益。地方政府或地方城投公司也可以参与投资,纳入投资商一方。村集体利益在代表所有农民利益的同时也涉及村集体自留公积金比例,但这属于村集体与村民之间内部的利益分配,由村集体领导与村民共同协商确定。

**1. 国有资本、村集体、投资商三方股份占比建议性设置**

在前文中提到,户田产倡导共同富裕,户田产的目的是通过市场化的路径壮大乡村集体经济。一个大新型集体经济与户田产综合体,在设计之初就要拿出相当的土地比例(比如一半的土地)保留为集体土地,为村民所共有和公有,统一经营,共同分享生产成果。因此,户田产首先要考虑农民的利益问题,在新型集体经济与户田产综合体的开发建设过程中,村民以土地折算入股当地项目公司,变为股民和股东,村民以股民和股东身份参与到综合体开发建设过程中,享有分红的权利。在整个项目的推进和发展中,村民没有被排除在新型集体经济与户田产综合体的开发建设之外,项目开发新增的土地收益,村民可以合理分享。除此之外,村民经过一定的培训就可在未来新型集体经济与户田产综合体中做新的工作,这也属于帮扶农民就业生存的一个举措。

关于农村集体和村民的权益分红,从个体上看,应是按土地面积、质量、位置等各种条件进行综合评估后再征询权利人意见进行折算入股,项目公司分红权益不是一次性进行买断式的,而是包含后期的物业管理费营收、商场租售营收、综合开发区内的娱乐休闲场所等自主运营营收等。

　　为了促进新型集体经济与户田产综合体的开发建设,在发展户田产过程中,需要建立特许混合性的户田产开发股份有限公司,即户田产特许混合型企业。"特许"就是特别允许,指国家特别开口子,特批个别公司享有的经营权,并不是像一般的公司那样任何自然人或法人都可以自由注册,都可以自由拥有经营权。"混合"是指多种产权性质混合在一起,共同出资,共同经营,具体地说,就是公司股权结构由国有资本、村集体土地、投资商资本三方构成,既不是纯粹的国有企业,也不是纯粹的村集体,也不是纯粹的民营企业,是国有企业、村集体、民营企业的混合型企业。国有资本、村集体土地、投资商资本分别代表国有企业、村集体、投资商三方。其中,投资商主要来源于两个部分:一是民有金融机构,比如风险投资公司或基金会;二是民营大型企业,比如大型房地产公司。若地方政府或地方城投公司参与投资,也纳入投资商一方。

　　国有资本、村集体土地、投资商资本三方的股权比例划分大致分别为:国有资本 20% 左右、村集体土地 40% 左右、投资商资本 40% 左右,见图 7-1。

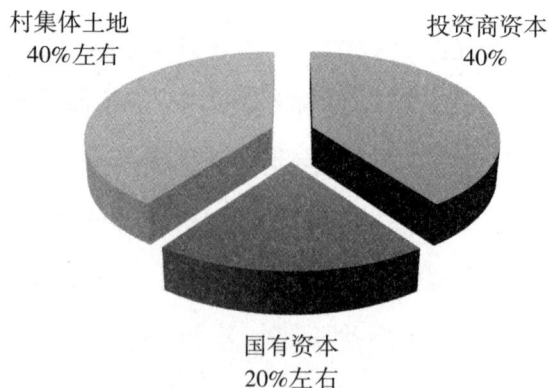

**图 7-1　户田产特许混合型企业股权结构**

　　户田产特许混合型企业,在新型集体经济与户田产综合体的开发建设过程中让国有资本占股权20%左右的比例,主要是让国有资本介入户田产开发的全过程之中,以保证户田产开发公司发展方向不走偏。让村集体以土地入股占股权40%左右的比例,是为了充分保障村集体经济利益,防止村集体经济利益被削弱,防止伤害农民利益,当然,也包括防止良田被恶意侵蚀、环境被污染等。国有资本和村集体土地都属于公有资产,二者相加,股权比例占到60%左右,完全可以达到控股的目的。

　　让村集体以土地入股的形式参与到特许混合型企业,对企业而言有两个很重要的有利作用:一个是在现有的法律框架下农村耕地不可买卖,允许村集体以土地入股,可以巧妙地绕过"耕地不可买卖"这一法律障碍;二是户田产开发像房地产开发一样,购买土地是资金花费最大的一笔开支,让村集体以土地入股,就省去了这一笔最大开支,减少了户田产开发初期投资的成本。因此,让村集体以土地入股,变不利为有利,一举两得。

　　在新型集体经济与户田产综合体的开发建设过程中,投资商的现金资本投资起着关键作用。让投资商的现金资本占股权40%左右的比例,是为了调动投资商的投资积极性。投资商追求的是投资回报最大化,没有足够的利润空间是吸引不了投资商来投资巨额资金的。市场经济的良性循环首先依托于足够的利润回报率,在整个户田产建设发展中,投资商投入的资金、精力、成本最大,创造的就业岗位也最多,所以要留有足够的股权给投资商以充分调动其投资积极性。

　　当地政府在户田产特许混合型企业开发户田产过程中,主要的收益是税收,有公司所得税、个人所得税、公司经营税等。户田

产开发有助于搞活地方经济,各种税源自然会不断开辟出来。应
当说,在户田产大开发中,得益最多的将会是地方政府,地方县域
财政将会由于户田产的大开发而大大改善其财政状况。

### 2. 户田产特许混合型企业权力架构合理性设置

(1)户田产特许混合型企业股东大会设置。

股东大会由全体股东组成,根据《中华人民共和国公司法》第
四章第二节规定,股东大会是股份公司的最高权力机关,决定公司
经营管理重大事项。股东大会有权选任和解除董事,并对公司的
经营管理有广泛的决定权。企业一切重大的人事任免和重大的经
营决策都需要经过股东大会投票通过,才会具有法律效力。根据
《中华人民共和国公司法》第一百零三条规定,对于股份公司一般
事项的决策要求全体股东大会半数(50%)以上表决通过,对于公
司重大事项的决策须全体股东三分之二以上表决通过。户田产特
许混合型企业属于特许企业,有其特殊性,实行股权与投票权相分
离的原则,同股不同权,国有企业尽管占出资比例只有 20%左右,
但国有企业代表国家,把握户田产特许混合型企业的大政方向,在
投票权上不论所持股份比例多少,都应当至少获得 34%(三分之
一)的投票权,以便获得安全控制权,即一票否决权。若国有企业
出资比例超过 30%,应当获得 51%的相对控制权。村民集体以土
地入股,可以获得较优厚的股份比例,在股权分红上获得较多一点
的实惠,但因不是现金出资方,没有承担资金风险,应当在投票权
上作出让步。村民集体的投票权大约按照股权占比对半打折,即
1 股股权折算成 0.5 股投票权归村民集体,另外 0.5 股投票权转
移给国有企业。由于国有企业与村民集体企业都属于公有企业,

在公有企业之间转移投票权并没有削弱公有权力。至于投资商的投票权,可实行同股同权,股权与投票权相等,不打折扣。

(2)户田产特许混合型企业董事会设置。

在户田产特许混合型企业中国有企业、村集体、投资商三方各派1位董事作为代表,共有3位董事。国有企业代表国家,户田产之所以被赋予特许经营权,主要是国有企业作为领头羊把控着大方向,所以,尽管国有企业股份占比只有20%左右,但可以加派1位董事,与前面3位董事组成4位董事。另外,作为混合公司,需要增加1位超越三方利益的独立董事。这样一来,董事会拥有5位董事,符合《公司法》关于股份公司董事会5—19位董事成员的最低规定。一般上市公司设置9位董事,其中依据中国证监会2022年1月5日发布的《上市公司独立董事规则》中的规定,上市公司董事会成员中应当至少包括三分之一独立董事,9位董事中应当有3位独立董事。① 户田产特许混合型企业作为股份制公司,董事会最初可以只设置5位董事,其后根据发展情况逐步增加,可以达到9位董事,也可以根据需要有所突破,达到11位董事。到底设置多少董事比较好,可视具体发展情况再行确定。

(3)户田产特许混合型企业经理层(营运领导班子)设置。

国有企业的主导地位应当在机制(公司章程)上得到清晰的确立,国有企业和民营企业双方都有委派干部和委派高管的权力,班子成员中,应有至少4名来自国有资本,分别是公司党委书记1名(董事长,由党委书记兼任,且由上级中央集团公司副总兼任)、

---

① 中国证券监督管理委员会:《上市公司独立董事规则》〔2022〕14号,第四条。

纪委书记 1 名、财务总监(总会计师、总审计师) 1 名、副总经理
1 名。

村集体和投资商可有权委派经理层(营运领导班子)至少 4
名以上,比如:总经理 1 名,副总经理 2 名,村民代表 2 名。其中,
村民代表由公开选举产生,通常从学历较高的中青年村民中选举,
刚开始可以担任董秘、办公室主任这类岗位,以便于其学习成长。
让高学历的中青年农民代表村民利益,一是高学历的中青年农民
来自农村、理解农村,能够有效传递信息,推进工作顺利开展;二是
有利于培养人才,储备新干部,打造可持续发展队伍。对选拔出来
的年轻人应从底层干起,熟悉流程和业务,对他们着力培养,一旦
成熟应委以重任,担当各类要职,也是体现对村集体后代发展的
扶持。

在户田产特许混合型企业经理层(营运领导班子)中,国有资
本占据 4 个职位,村集体和投资商占据 7 个职位,共组成 11 人的
左右的营运管理领导班子。户田产特许混合型企业经理层要特别
注重营造"客观、民主、公正"的议事气氛,对经营管理过程中涉及
一些重大项目选定、重要战略决策、重要干部任命、大额资金使用
(设置资金使用额度范围)等重大决策,董事会应当与经理层召开
联席会议,共同商议,拟订方案,并提交股东大会投票,以作出最终
合乎法律的有效决定。

**3. 资本注入和退出机制设置(金融系统授信机制)**

关于国有和民营资本的投入比例,除了根据股权比例进行资
本注入外,还必须要考虑银行的贷款授信问题。作为企业,无论是
国有企业还是民营企业,都需要依托银行贷款来良性滚动流动资

金,这是常规的金融模式。户田产特许混合型企业作为新试点产业,应得到银行等金融机构的优惠政策支持,建议开通授信绿色通道,一旦项目经过大型央企批准立项,就可以直接打通银行授信通道,从额度到时间效率上都要提供方便。

从性质上看,户田产特许混合型企业是由大型央企发起,为促进乡村振兴、解决"三农"问题而试点设立的专营项目公司,为保证其运营时具有市场活力和经济效益,特许民营投资商携带民营资本参股,以共同合作经营。

一个高度市场化的企业需要具备灵活的资本注入和退出机制,户田产特许混合型企业同样需要这样的机制,以便资本的健康流动。在注重资本注入的同时,也要建立合理的退出机制,设计一整套退出程序和规则。比如,国有资本在项目到达一定阶段,比如从整体项目盈利点上看不足以满足民营投资商需要时,可以采取项目股权回购的方式,或内部磋商另找合适的民营企业对国有股份实施部分收购,国有企业减持股份比例,让民营企业获得更多的经营权,调动民营投资商的积极性,其相关高管任命也要随之调整。

**4. 特许知识产权权益架构设置**

在市场竞争中,知识产权是企业经营的重要组成部分。把"户田产"作为商标,其含义已远远超出作为产品或服务的识别标记本身,因为它已经成为产品或服务质量、信誉、知名度的载体,凝聚着企业投入的大量智慧、心血和投资。户田产综合体下有各种各样的产业链,包括各类连锁商超、农产品、科技产品等,它在消费者中建立起本企业产品与本企业之间的特定联系,树立商标形象和企业形象,从而达到促进商品销售的目的。因此,户田产公司应重视特许知识产权权益架构的设计,从多个方面把衍生价值囊括、延伸、发展,真正实现文化价值的创造性转化和创新性发展。

### 5. 监察监督机制的设置

企业纪检监察机构,是企业进行约束、规范和限制企业机关权力的监察机构,它实际上就是企业的监察部门和党的纪检机构两者的结合,目标和保证是坚持和加强企业的全面领导发展,进一步增强企业内的监督实效,对所有的企业管理人员以及基层人员进行全覆盖性监察,负责监督企业人员,同时对违纪的人员进行初步核实、立案审查、进行求证,最后作出处理决定的企业管理机构。监察部门依照《中华人民共和国行政监察法》第十八条等规定履行其应有的职责。根据该法的相关规定,企业的纪检监察机构检查企业行政机关在遵守和执行法律、法规的决定、命令中的问题,受理对企业行政机关人员违反行政纪律行为的控告和检举,调查处理企业职工人员违反行政纪律的行为,同时组织协调、检查指导政务公开和纠正损害群众利益的不正之风工作。

户田产特许混合型企业在组织架构上如同央企一样,由国家委派干部,其中包括党委书记、副书记、纪委书记、财务总监等,从人事安排上对干部实施培训、监督和任免。

### 6. 建设全国户田产统一市场交易平台

户田产的入市交易是基于"三权分置"后,再把其中的土地使用权通过市场交易平台分割出来进行确权、交易、接续的过程。由于区别于以往常规的不动产交易,户田产的产权鉴于目前的土地管理制度,其权利实际上属于一种长期的租赁,这种租赁性质的使用权如果不固定在市场交易平台上或流通性不够灵活,则会失去其刺激经济的内生动力。作为一个成熟的投资品或资产,其具备经济价值是否高的指标主要看是否能高效率地流通折现、是否有巨大的升值空间,这也是城市家庭投资户田产前最为担忧和犹豫的因素。

因此,笔者建议孵化建设全国户田产统一市场交易平台,该平台可以由户田产特许经营公司与国家有关部门共建,通过数字化方式对每份户田产进行确权,颁发电子和纸质的权利证书,以便在市场上流通,平台的建设机制可以参考现有不动产权交易制度进行优化设计。一旦户田产有了较为完善的市场交易平台,具备成熟稳定的流通能力,其资产价值就会大幅提升,也将促进户田产的发展大步向前。

# 研 究 结 论

　　"实施乡村振兴战略是关系全面建设社会主义现代化国家的全局性、历史性任务。"[1]党中央对全面推进乡村振兴战略高度重视,把解决好"三农"问题作为"全党工作重中之重",发出"举全党全社会之力推动乡村振兴"[2]的号召。为了贯彻落实党中央全面推进乡村振兴战略,本书在借鉴各家各派"三农"研究成果和汲取基层有益实践经验的基础上,以党的二十大报告和中央"一号文件"为基准、为指针,提出了一个新想法、新概念和新思路——户田产。本书围绕"户田产"进行了背景阐释、概念界定和内涵解析,重点对其核心要义、主要特征、必要性、可行性、难点出路以及发展建议等进行了多维度的探讨和论述,努力揭示户田产内含的多种独特功能和所拥有的巨大经济社会价值。

　　本书主要得出了以下研究结论:

---

　　① 《习近平谈治国理政》第三卷,外文出版社 2020 年版,第 255 页。
　　② 《习近平谈治国理政》第四卷,外文出版社 2022 年版,第 195 页。

### 1. 户田产是深化农村改革、全面振兴乡村的一个战略突破口

深化农村改革和全面振兴乡村面临城乡二元结构的体制障碍,户田产的创新和发展,对城乡土地权能不对等、城乡二元结构未与时俱进、农民经济收入低等诸多问题提供了可能性的破解良方,从而有望对城乡二元结构体制障碍予以根本的突破。发展户田产,有利于推动和深化乡村的土地制度改革、社会保障制度改革、公共服务制度改革、人员组织制度改革以及劳动分配制度改革;有利于让各类资源要素在城乡之间、三产之间顺畅流动和合理配置,推进城乡连续体形成和城乡一体化发展。通过发展户田产,围绕农民利益有效确立乡村各种产权,并通过乡村土地金融化,赋予乡村土地金融属性和金融价值,促进乡村土地升值,把城市过剩资本引入并聚焦于乡村振兴之中,带动城市人才、资金"上山下乡",逐步扭转乡村向城市单向"净输出"状态,畅通城乡要素流动,构建"城乡经济双向循环"新格局,促进以国内大循环为主体的新发展格局早日形成。户田产有利于对乡村进行顶层设计和全要素新设计,有利于对乡村全域进行通盘考虑,通盘布局,整体设计,整体推进,一步到位地实现农村生态化、城市化、现代化,为深化农村改革和全面振兴乡村找到一个改变全局的战略突破口,可以破解全面振兴乡村面临的城乡二元结构、农民经济收入低、乡村生态环境污染三大难题,甚至有可能为党中央全面推进乡村振兴战略在全国范围内落地开花找到关键一招。

**2. 户田产可以成为我国接替房地产的下一个超强经济发动机**

房地产作为拉动中国经济高速增长的巨型经济发动机,现已触及"天花板"。户田产仿效房地产模式但不拘泥于房地产模式,不简单复制房地产模式。户田产充分借鉴房地产土地金融化功能及成功经验,将之从城市位移到乡村,激活乡村"板结僵死"的土地价值,数倍提升乡村极为低廉的土地价值,为农业农村现代化和全面振兴乡村提供巨量的资金支持。户田产通过借鉴房地产、移植房地产,将之转型升级到更高一级的金融层级和更高一级的经济层面,以广阔的农村天地和广袤的中华大地为舞台,成为下一个拉动中国经济持续高速增长的新经济发动机。可以预期的是,户田产所拥有的超强动力引擎功能,不仅可以与房地产等量齐观,而且有可能大大超过房地产。一则是因为户田产具有比房地产更广大的物理空间和地域范围,所立足的中国广大农村集体土地总面积达65.5亿亩;二则是因为户田产有比房地产更广大的群众基础和更充足的人口支撑。户田产把以往房地产只拥有"住"的单一功能转型升级为拥有"衣、食、住、养、休、乐、健、隐、防"的复合功能和综合功能,成为一种"全能型"的巨型经济发动机,具有超越房地产的强大推动力,为拉动中国经济再持续高速增长、实现农业农村现代化、全面振兴乡村提供一个巨大的动力源和动力机。

**3. 户田产将在中国掀起全国范围内的人工造田运动高潮**

中国自古以农立国、以田为生,在人多地少、人口高压力下,自古对人工造田情有独钟,或开荒造田,或垦林造田,或围湖造田,或围滩造田,或劈山造田,或运土造田,或"打坝淤地"造田,掀起了一次又一次的人工造田运动。中国高山上的梯田、丘陵山坳中的零碎田、湖泽地区的垸田、黄土高原的坝田、江河附近的滩田、大海旁边的海田等,都是人工造田的成果。户田产将继承和发扬中国历史上的人工造田精神。因为户田产最本质的特征是人工造田,最大的经济作用是促进人工造田运动兴起。户田产对土壤制造业和土壤治理业的发展将起到极大的促进作用,尤其是由于人工造田对优质土壤的巨量需求将推动土壤制造业随之兴起,很有可能成为我国将来最大的工业制造业之一。在户田产大开发下,数以亿计的劳动力向广大的农村进军,向广大的无人山区进军,把原先不适合作物生长的地理空间比如瘠薄地、砂石地、河滩地、乱石岗地等通过异地取土、远距运土、人工造土等多种方式打造成一个个庭院内的良田沃畴,实现良田与美宅的完美结合。通过新型集体经济与户田产综合大开发,从"种房子"向"种粮食"转变;从占用耕地和减少耕地向人造耕地和增加耕地转变;从占用老耕地和减少老耕地,向制造新耕地和增加新耕地转变;从耕地越来越少向耕地越来越多转变。人类的农业历史将由于户田产新产业的兴起而进入人造耕地、人工造田的新阶段,在对耕种土地的物理空间选择上,人类将会由自在阶段进入自为阶段,从必然王国步入自由王国。

**4. 户田产将打开我国广大乡村广阔无垠的新经济蓝海**

户田产响应习近平总书记关于"绿水青山就是金山银山","保护生态环境就是保护生产力,改善生态环境就是发展生产力"[①]的

---

① 《习近平关于总体国家安全观论述摘编》,中央文献出版社 2018 年版,第 179 页。

号召,倡导农业生产返璞归真、重返自然,主张发展乡村生态农业和生态经济,符合历史大趋势,紧跟时代新潮流。户田产继承中华传统农耕文明优点、立足中国现实国情、符合人民群众渴望拥有自己独立家园的现实需求和心理需求,具有足量的人口规模支撑和广阔的市场需求前景。户田产有利于激活人民群众"种好自己一亩三分地"的积极性、主动性和创造性,有利于人民群众自觉放弃使用转基因、除草剂、农药、化肥、化工饲料、植物生长剂,对我国从现阶段的化学农业转向生态农业极为有利。户田产能够畅通城乡要素流通,连接城乡供需,打造城乡一体化供应链、产业链,能够激活乡村潜在的、沉积的土地价值,构筑县域经济新的土地金融和新的土地财政。通过户田产,大力进行新型集体经济与户田产综合体的开发建设,将会为我国下一步的经济发展创造出新产业、新业态、新生态,打开我国广大乡村前所未有的、广阔无垠的新经济蓝海。

### 5. 户田产能够创造数以亿计的就业岗位

我国有9亿劳动力,每年有超过1500万的大中专毕业生涌向就业市场,就业压力一直是我国的高压力,"稳就业"一直是各级政府紧绷的一根弦。就业就是饭碗,是老百姓的生计之源,是国家民生大事。随着人工智能的快速发展,代替很多人类现有的工作,将会渗透到人类生产和生活的各个领域,大大挤占现有的工作岗位,进一步加剧整个社会的就业高压力。户田产向广大的农村进军,可在我国掀起新的"上山下乡"运动,农村的广阔天地可以创造无数就业机会,为数以亿计的劳动力提供就业岗位。对城市市民而言,有了户田产,就等于在城市之外有了一处"农夫田园+疫情防御（生物战堡垒）"。户田产主人是自耕农、小田园主、小城堡主三重身份的"三合一"，可以在自己的户田产内过着优哉游哉、自由自在的田园生活，一家人可以自种自食、自产自销、自给自足。假若在城市里因丢掉工作而失业，一点也不必产生害怕和焦虑心理，只需要回到乡下属于自己的户田产，关起门来"种好自己的一亩三分地"，就能够解决一切生存所需，全家的基本生存不会有太大问题。这样一来，一旦出现疫情、战争（尤其是生物战）、经济滑坡以及其他重大变故，户田产就成为千万城市家庭最可靠的避难所和最后的生存基地。对整个国家而言，就等于预设了社会稳定器，构筑了一道失业防洪堤，为应对重大变故和国际形势防患于未然。

**6. 户田产有利于我国食物生产生态化和乡村生活城市化**

第一，由于户田产的"田"，在每一户的庭院之内，"田"就在家门口，举步可达，举手可劳，耕作、种植、除草、除虫、施肥、采摘、搬运、储藏等，就在自家院子里，生产出来的所有入口食物供给自己家人消费食用，不以赚钱为目的，户田产拥有者会自觉自愿地、主动地排除使用除草剂、农药、化肥、转基因种子、植物生长剂，那么，所有的食物生产一定会对身体健康有利，一定会是绿色的、生态的、有机的、环保的，从而有助于我国经济从 GDP 经济向 GEP 经济转型。生态农业是生态经济体系中最大的一块，户田产可实实在在地把我国现阶段高污染的黑色 GDP 化学农业转变成没有任何污染的绿色 GEP 生态农业，有助于在我国掀起一场生态农业革命，促进我国生态农业大发展。第二，户田产把城市房地产开发的精髓应用于乡村，是城市化的反向运动和逆向运动，即"逆城市化"运动,有助于新的"上山下乡"运动在我国普遍兴起,把城市化的优秀成果移植和运用到乡村,统筹乡村基础设施和公共服务布局,用于提升乡村的生活品质和整体面貌,建设宜居宜业和美乡村,把落后的"旧三农"提升到高层级、高品质、高境界的"新三农",让我国乡村农民享受城市市民一样的生活品质。在户田产大开发下,我国延续数千年的城乡差距将会逐步缩小。实现城乡无差别,城乡一体化;实现农民市民化,市民农民化;实现农民进城上楼,市民下乡种田;实现体力劳动和脑力劳动相互融通和相互切换。通过大力发展户田产,将会促使我国城乡的基本构成、基本状貌和基本态势发生带有革命意义的根本性变化。

### 7. 户田产助推我国构建新型共同富裕社会和中产阶层占主导地位的"橄榄型"社会

户田产之"户",其含义为一户一份,不得多占,确权登记,公开上网,公正透明,无法隐瞒。户田产的户均占地面积按照全国人均 1.3 亩地的标准设计,具有较彻底的"均衡"色彩,是社会主义市场经济体制下"均贫富,等贵贱"的一个重大举措。户田产所独具的"定产、限产、均产、恒产"功能,可有效防止历史上的土地兼并,具有"为万世开太平"的长远作用,是安身立命、家庭幸福、治国安邦、稳定社会的治安长策。通过发展户田产而形成的新型共同富裕,符合中国古人"不患寡而患不均"的社会理念。在户田产制度设定下,天下之田归天下家庭所共有,均占而不多占,都有而不多有,"人有我亦有,我有人亦有",以每家每户的"分产均产"之手段达到天下所有家庭"共产共享"之目的,避免两极分化,消除贫富对立,是一种大体均等但又有差别的新型共同富裕。在户田产得到大力发展的情况下,我国将会从"让一部分人先富起来"的阶段进入共同富裕、共享发展成果的新阶段,一个以户田产为主轴的新型共同富裕社会将会逐步形成和分阶段实现。与此同时,户田产有利于扩大和稳固中产阶级队伍,凡是拥有户田产的家庭,可以一代接一代牢固地保住家族的中产阶层社会地位,不致在激烈的竞争中因失败而丧失其中产阶层身份。原因是,户田产是最有价值的家庭资产,是中产阶层的标配和象征,凡是拥有户田产的家庭,其所拥有的户田产本身就与中产阶层等值。随着户田产的不断发展,越来越多的中国家庭拥有户田产,中产阶层在中国逐步占据多数和主导地位,特别穷和特别富的人在中国只占少数,中国社会可以逐步演变成"中间大两头小"的"橄榄型"社会,有利于社会整体结构的稳定,有利于中国社会的长治久安。

### 8. 户田产促进我国农业农村现代化整体推进、一步到位

在新型集体经济和户田产综合体的开发建设过程中通过顶层设计和全要素新设计,整体布局,整体设计,整体推进,一步到位地实现三个转型升级:一是把"旧三农"整体推进和整体转型升级为"新三农",让旧农民、旧农村、旧农业一步到位地转型升级为新农民、新农村、新农业。二是把农业农村生产"一业兴旺"整体推进和整体转型升级为农、工、商、贸、学、养、居"百业兴旺",实现一二三产业融合发展。三是在新型集体经济与户田产综合体的开发建设过程中,生产生活的水、电、路、网、气"五通"和学、医、养、护、购、吃、休、健、乐、油(加油站)全部具备,配套设施应有尽有,一应俱全,使乡村生活的服务设施和便利条件并不输于城市。通过户田产推动的三个转型升级,一步到位地实现农村环境现代

化和农村生活城市化。对于重新集中起来的大片农田,直接采用最先进的农业机械和现代公司化经营管理方式,一步到位地实现农业耕作现代化和农村经营管理现代化。通过一步到位地实现农村环境现代化和农村生活城市化,一步到位地实现农业耕作现代化和农村经营管理现代化,以实现我国农业农村现代化超常规发展和跨越式发展,把党中央"坚持农业现代化和农村现代化一体设计、一并推进"的要求落到实处,付诸实施和实践。

### 9. 户田产将是我国应对疫情和生物战的一个重大战略安排

越来越成熟的基因剪裁技术和编辑技术使人类无可置疑地进入了生物战时代。生物战是一种无从知敌的暗战和降维打击战,拥有生物武器的一方对被打击的一方占据绝对优势。三年来肆虐全球的新冠疫情尤其是中国放开封控以后出现的"疫情海啸",昭示中国人必须对生物战高度重视,必须未雨绸缪,提前防备,绝对不可临渴掘井,仓促应对。面对越来越严峻的生物战形势,中国必须着手作出战略布局和战略安排,本书所倡导的户田产便是一种应对生物战的战略布局和战略安排。在我国辽阔的乡村通过发展一个个独立的户田产,让每一个户田产拥有者都能够自我备战,自我预防,自我"高筑墙,广积粮"。一旦疫情暴发或生物战开打,每一个提早准备好的户田产就是一个对抗疫情或生物战的坚固堡垒,千千万万个独立的户田产就是千千万万个独立的生物战防御堡垒,对应对疫情和生物战将起到十分有效的积极作用。自古"以战止战",武装保卫和平,生物战也不会例外。提早做好大打特打生物战的防御准备,让美西方认识到中国在应对生物战方面"早已森严壁垒",早已做好了大打特打生物战的备战工作,让其企图通过生物战摧毁中国的阴谋无法得逞,令其认识到对中国打生物战是完全徒劳的、起不了摧毁作用的,美西方就会因而放弃通过大打生物战毁灭中国的念头,迫使其通过生物战亡我之心隐而不发,从而让我国人民从根本上避免生物战攻击及其灭顶之灾,在应对生物战方面最终产生和收到防战于未战、备战而止战的效果。

# 结　束　语


　　我国自古以农立国,但古代粮食产量极低,从先秦到宋元,北方小麦基本维持在每亩七八十斤的产量,明清时期精耕细作,也不过每亩产小麦一百二三十斤而已。至于南方的水稻,产量要比小麦高,但隋唐以前基本维持在每亩一百斤上下,元代有所进步,不过才一百三四十斤,明清时有所突破,产量不过每亩二百四五十斤稻米而已。[①] 由于产量低,家庭人口增长快,导致广大的下层人民常年处于半饥饿状态,所谓"糠菜半年粮"即是。

　　"可怜最是牵衣女,哭说邻家午饭香",清代画家徐兰圃的这句名诗,几乎写尽人间贫穷心酸,读来让人潸然泪下。杜甫"朱门酒肉臭,路有冻死骨"诗句,更是道出了古代贫富两极分化的残酷社会现实。东汉大臣、农学家崔寔在其《政论》中对下层老百姓苦难的纪实描绘是:"生有终生之勤,死有暴骨之忧,岁小不登,流离

---

　　① 吴慧:《中国历代粮食亩产研究》,中国农业出版社 1985 年版,第 123 页;余也非:《中国历代粮食平均亩产量考略》,《重庆师范大学学报》(社会科学版)1980 年第 3 期;陈贤春:《元代粮食亩产探析》,《历史研究》1995 年第 4 期;陈星宇:《战国秦汉粮食亩产问题再探》,《中国农史》2020 年第 1 期。

沟壑,嫁妻卖子,妻所以伤心腐藏,失生人之乐者,盖不可胜陈。"①

中国人民在中国共产党领导下浴血奋战,经过艰苦卓绝的流血牺牲成立了新中国,结束了那种"各人自扫门前雪,不管他人瓦上霜"的一盘散沙局面,为中国人民吃得饱、吃得好和衣食住无忧而奋斗,开启了中华民族伟大复兴的历史征程。

在中华民族伟大复兴的历史征程中,农业是国民经济的基础,是应变局、开新局的"压舱石",是国家战略大棋局中最大的基本盘和最大的战略板块。全面振兴乡村,实现农业农村现代化,是中国最艰巨的战略难题之一,也是中国最重要的战略课题之一。如何全面振兴乡村,社会各界都在研究、实践、探索。笔者不揣浅陋,也对此思考探索多年,本书算是初步的思考探索成果。

民以食为天,农业稳中求进,整个国民经济体系才能立牢根基。户田产的发展能够促进中国土地进一步改革,有助于国内统一大市场的形成和国家经济的长期稳定。

全面推进乡村振兴和实现农业农村现代化,需要不拘一格,需要多元化、多路径、多模式去推动,即所谓"八仙过海,各显神通"。本书所探研的户田产,只能算全面推进乡村振兴和实现农业农村现代化各种有效方式中的一种,因而与其他有效方式,是相互并列和相互兼容的关系,而不是相互否定和相互排斥的关系。作为全面推进乡村振兴和实现农业农村现代化可行路径中的一条新路径,户田产并不否定和排斥其他任何一条可行路径。从这个意义上讲,户田产最初只是作为现有各种招数的一种新补充,以一种新补充的形式和面貌出现,随着以后产业化、规模化的铺展和推广,

① (清)严可均辑:《全后汉文》,卷四十六,崔寔《政论》。

户田产的革命性意义和巨大功能价值才会逐步显现出来。

"天下之本在家"①，家庭是社会的基本细胞，中国人"内圣外王"之道遵循"修（身）—齐（家）—治（国）—平（天下）"路径，其核心点和立足点就是家庭，"家齐则国治"是中国人熟知的基本道理。

家之本在土地。《管子水·地篇》言："地者，万物之根源，谋生之根菀也。"土地是万物之基、生命之源和财富之母，地球万物赖之以产生、以生长，大地生命之花赖之以绽放、以灿烂，个人和家庭的生计赖之以谋得、以延续。作为大地之子，人类的一切来自大地母亲，无论人类多么发达，大地作为人类的母亲则是万古不变的自然规则和永恒如一的客观真理。

土地在现代中国经济发展历程中发挥了巨大作用，一路高歌的中国城市化正是借助"土地"这一最不起眼的生产要素，通过房地产的加持和赋能作用，点土成金，赋予其金融属性和金融价值，形成世界上独特的土地金融和土地财政，尤其是成为地方政府财政的主要来源，成为中国工业化原始资本积累和城市化资本的一个重要活水源头，为中国的高速发展提供了一个强大的经济发动机。

如果说中国工业化、城市化借助土地赋能和土地金融化演绎出了奇效，那么，全面推进乡村振兴战略和农业农村现代化亦可有样学样，走乡村土地金融化之路。本书所研究的户田产，就是赋能乡村土地、使之金融化的一条探索新路，这条探索新路在学习和借鉴城市房地产模式及其成功经验的基础上，将之位移和引向广大

---

① （东汉）荀悦：《申鉴·政体》，卷一，《政体第一》。

乡村,把广大乡村的一部分土地像城市土地一样赋予金融属性和金融价值,把广大乡村沉睡的土地价值激活起来,变得值钱,让生活在乡村的农民有钱赚、有活干,有希望、有前景,能够依靠土地逐渐富裕起来,也为城市市民"上山下乡"和拥有户田产这样的"农夫田园+疫情防御(生物战堡垒)"的"全能型"特殊资产打通各种应通未通的环节。

户田产有发展前景,主要在于:户田产正是立足于万物之基的土地和天下之本的家庭,对乡村土地赋予金融功能,对每个家庭赋予内生原动力,把广大乡村土地价值激活,把全国9亿劳动力资源盘活。

户田产对畅通城乡要素流动促进"以国内大循环为主体、国内国际双循环相互促进的新发展格局"和"城乡要素双向循环格局"形成,对生态经济和生态文明建设,对碳达峰碳中和"双碳目标"实现,对百年未有之大变局下应变局开新局,对深化农村改革和全面振兴乡村,以及对成功应对疫情和生物战等,都有所助益、有所促进,甚至有可能成为我国下一阶段接替房地产的新经济发动机,因而值得我们思考、探索,也值得我们期待、实践。

附　录

# 对人们普遍担心的三大疑问的释疑及解答

**1. 发展户田产会不会与农民争利，会不会削弱农村集体经济？**

**答**：发展户田产不会与农民争利，不会削弱农村集体经济。

因为在新型集体经济与户田产综合体的开发建设过程中，遵循的一条基本原则是"公私并存，公私并举"，在发展户田产的同时，始终要把发展农村集体经济放在突出位置，农村集体经济只会加强，不会削弱。

"公私并存，公私并举"中的"公"字，指的就是新型集体经济。新型集体经济在本书所设计的新型集体经济与户田产综合体内主要分为两大板块：

（1）公有耕地（大片田地）。在原来的家庭联产承包责任制下，土地被私人承包，尽管名义上所有权属于村集体所有，但在实质上因使用权、经营权归每家每户（私人）所有，集体所有被掏空、被虚置，实质上处于名存实亡的"虚空"状态。在新型集体经济与户田产综合体开发建设过程中，需要把每家每户承包的土地重新收回到村集体,实现一次新的集中和统一,以便把所有土地重新集中和统一到村集体手中,而后再由村集体拿出其中一半至三分之二的土地用于开发户田产,另外三分之一至一半的土地交给村集体,由全体村民共同所有。全体村民共同所有的"大片"耕地,统一采用现代化的耕作方式,进行现代化管理,一步到位地实现农业现代化。田归大片,大片耕作,大片经营,大片管理,以此构建大片集体经济即新型集体经济,强化村集体力量,而不是弱化村集体力量。

(2)公有股份。每一个新型集体经济与户田产综合体在其开发建设过程中要成立一个独立的综合开发股份公司,村集体以土地入股,在综合开发股份公司内占有相当大的股份比例,一般占30%—50%。这部分股份由村集体全体村民共同占有,人人有份。

上述公有耕地和公有股份,是新型集体经济与户田产综合体在其开发建设过程中产生的两种真实的新型农村集体经济,比以往家庭联产承包责任制下双层经营的、被虚置的旧式集体经济更具有集体经济的实质内容和真实意义。家庭联产承包责任制下的集体经济因被"虚置"而没有实质的内容,但新型集体经济与户田产综合体下的农村集体经济因有公有耕地和公有股份而变得真实起来,成为具有实质内容的真正的农村集体经济。因此,在新型集体经济与户田产综合体开发建设过程中,农村集体经济肯定不会受到削弱,反而会更加巩固和强化。

**2. 发展户田产会不会加剧两极分化,阻碍共同富裕目标的实现?**

**答**:发展户田产不会加剧两极分化,不会阻碍共同富裕目标的实现。原因是,户田产有"定产、限产、均产、恒产"的特点和功能,故而本身就具有共同富裕的特质,发展户田产能够创造一种不同于以往的新型共同富裕。

第一,发展户田产的目的,不是为了削弱乡村集体经济,走私有化之路,而是通过市场化运作壮大集体经济。对于一个大的新型集体经济与户田产综合单元,在其设计之初就要拿出相当多的土地比例(比如一半的土地)保留为集体土地,为村民所共有和公有,由村集体统一经营,由全体村民共享生产成果。

第二,户田产倡导的共同富裕,还有一个重要的体现是,在新型集体经济与户田产综合开发过程中,村民以土地折算入股,变为股民和股东,以股民和股东身份参与其中,村民享有分红的权利。在整个新型集体经济与户田产综合体开发建设过程中,村民没有被排除在外,而是作为一个内部成员自始至终全程参与,新增的土地收益,由每一个村民合理分享。因而户田产实质上是中央一再倡导的"三变改革"(资源变资产、资金变股金、农民变股东)的一种新形式。

第三,户田产倡导的共同富裕符合马克思所说的"个人所有制"。马克思认为资本主义股份公司对资本主义私人占有制具有扬弃和否定作用,在马克思看来,股份公司是否定资本主义经济制度的进步的经济组织形式,因而马克思提出在资本主义经济基础上"重新建立个人所有制"的历史命题。由于户田产家庭内部实行的是家庭共产主义制度,户田产的财产为家庭成员所共有,户田产的"户所有制"是以"户"的形式和"户"的单元体现了马克思所说的"个人所有制"。从户田产的角度看,整个中国就是一个国家股份制大公司,每一家的户田产就是这个国家股份制大公司中的一个股东,户田产就是每个家庭所持有的股份,这个股份的土地占有量是按照全国人均 1.3 亩地的平均土地拥有量设计的,具有较彻底的"均衡"色彩,是社会主义市场经济体制下"均贫富,等贵贱"的一个重大举措。

第四,户田产倡导的家庭均衡占有土地和家庭均衡富裕,是对中国古代的井田制、均田制、限田制、占田制的综合继承和综合扬弃,符合中国自古以来盛行的"耕者有其田"和孙中山先生"平均地权"的思想理念,在社会主义市场经济体制下找到一个符合现代中国国情的新型共同富裕形式,定民于恒产,制民于均产,限民于占产。从短期和局部来看,每一份的户田产是家庭私有制,但由于最终可以让绝大多数家庭拥有一份户田产,从长期和整体来看,则可以用"分产"形式达到天下"共产"目的,即天下人以人人有份、家家有份、户户有份的固定股份形式,共有共享天下之土地资源、土地资产。

总之,通过发展户田产而形成的新型共同富裕,符合中国古人"不患寡而患不均"的社会理念。在户田产制度设定下,天下之田归天下家庭所共有,均占而不多占,都有而不多有,人有我亦有,我有人亦有,避免两极分化,避免贫富对立,是一种大体均等但又有差别的新型共同富裕。

**3. 发展户田产会不会侵占耕地,导致全国耕地总量减少,对 18 亿亩耕地红线产生冲击?**

答:发展户田产不会侵占耕地,不会导致全国耕地总量减少,不会对 18 亿亩耕地红线产生冲击。

因为户田产最直接的经济功能是人工造田功能,有利于人工造土和土壤修复,有利于异地买土和全球买土,一个新型制造业——土壤制造业将会因为人工造田对优质土壤的巨量需求而随之兴起,土壤制造业将很有可能成为我国最大的工业制造业之一。

我国有广大的山区,像浙江省"七山一水二分田"即是。广大山区里的林、木、草、藤、竹等各种绿色植被异常丰富,过去都烂在山上,以后可以通过人工发酵和催腐,工厂化制造人工腐殖质,与泥土混合在一起,制造富含腐殖质的有机土壤,用于户田产的人造耕地、人工造田。

通过新型集体经济与户田产综合开发,从"种房子"向"种粮食"转变;从占用耕地和减少耕地向人造耕地和增加耕地转变;从占用老耕地和减少老耕地,向制造新耕地和增加新耕地转变;从耕地越来越少向耕地越来越多转变。

人类历史上,种地总是择地而种,可种则种,不可种则弃之不种,户田产将作为一个分水岭和界标从根本上改变这一状况。户田产通过人工造土、远距运土、异地买土和全球买土把地面上的"四荒"土地改造成良田,甚至可以开山辟石,人造耕地,"青石板上创高产"。人类的农业历史将因为户田产新产业的兴起而进入人造耕地、人工造田的新阶段,在耕种土地的选择上,人类将会由自在阶段进入自为阶段,从必然王国步入自由王国。

# 参 考 文 献

1.《马克思恩格斯文集》第 1 卷，人民出版社 2009 年版。

2.《马克思恩格斯文集》第 4 卷，人民出版社 2009 年版。

3.《马克思恩格斯文集》第 5 卷，人民出版社 2009 年版。

4.《马克思恩格斯文集》第 8 卷，人民出版社 2009 年版。

5.《马克思恩格斯选集》第 1 卷，人民出版社 2012 年版。

6.《马克思恩格斯选集》第 2 卷，人民出版社 2012 年版。

7.《马克思恩格斯选集》第 3 卷，人民出版社 2012 年版。

8.《资本论》第 3 卷，人民出版社 2004 年版。

9.《资本论(纪念版)》第 1 卷，人民出版社 2018 年版。

10.《毛泽东选集》第一卷，人民出版社 1991 年版。

11.《毛泽东选集》第四卷，人民出版社 1991 年版。

12.《习近平谈治国理政》第一卷，外文出版社 2018 年版。

13.《习近平谈治国理政》第二卷，外文出版社 2017 年版。

14.《习近平谈治国理政》第三卷，外文出版社 2020 年版。

15.《习近平谈治国理政》第四卷，外文出版社 2022 年版。

16. 习近平:《之江新语》，浙江人民出版社 2007 年版。

17. 蔡昉等:《双循环论纲》,广东人民出版社 2021 年版。

18. 曹德旺:《心若菩提》,人民出版社 2017 年版。

19. 陈宗保:《土壤中有机农药残留分析及有机磷农药降解行为研究》,南昌大学 2006 年硕士学位论文。

20. 崔超:《发展新型集体经济:全面推进乡村振兴的路径选择》,《马克思主义研究》2021 年第 2 期。

21. 丹尼尔·A.萨姆纳:《扩张中的美国农场:规模、生产率与政策选择》,王哲编译,《经济社会体制比较》2016 年第 4 期

22. [美]丹尼尔·平克:《驱动力》中译本,中国人民大学出版社 2012 年版。

23. 费孝通:《江村经济——中国农民的生活》,商务印书馆 2012 年版。

24. 费孝通:《乡土中国》,生活·读书·新知三联书店 1996 年版。

25. 高晓燕、杜寒玉:《农民收入结构对农户耕种"非粮化"的影响——基于工商资本下乡的视角》,《江汉论坛》2022 年第 6 期。

26. 葛剑雄、曹树基:《对明代人口总数的新估计》,《中国史研究》1985 年第 1 期。

27. 洪名勇:《农地"三权分置"与实现路径研究》,中国财政经济出版社 2021 年版。

28. [比利时]亨利·皮朗著:《中世纪欧洲经济史》中译本,上海人民出版社 1964 年版。

29. [美]黄宗智:《中国乡村研究》(第四辑)中译本,社会科学文献出版社 2006 年版。

30. 贾明琪:《甘肃省农村"三变"改革效果评价》,《开发研

究》2022 年第 2 期。

31. 林毅夫、王勇、赵秋运:《论中国经济的发展》,中信出版社 2022 年版。

32. 凌启鸿:《荷兰围海造田的经验》,《经济社会体制比较》 1985 年第 2 期

33. 刘庆和、白明:《改革再出发:贵阳城乡"三变"改革研究》, 中国发展出版社 2020 年版。

34. 刘世锦、贾康、刘俏、管涛等:《新局:中国近期规划和远景 目标》,经济日报出版社 2022 年版。

35. 刘志坚:《从全球价值链到国家价值链》,社会科学文献出 版社 2022 年版。

36. 刘志一:《稻作农业起源新证》,《农业考古》2013 年第 4 期。

37. 罗爽:《乡村振兴战略背景下贵州农村一二三产融合发展 研究》,《中国市场》2021 年第 14 期。

38. 潘纪一:《人口生态学》,复旦大学出版社 1988 年版。

39. 彭博:《中国早期稻作农业遗存及相关问题》,《农业考古》 2016 年第 1 期。

40. 邱道持:《论农村土地流转》,西南师范大学出版社 2009 年版。

41. 石冬梅:《非对称信息条件下的农村土地流转问题研 究——以河北省农村土地流转为例》,河北农业大学 2013 年博士 学位论文。

42. 苏荣芳:《六盘水市"三变"改革创新实践探究》,《南方农 业》2022 年第 2 期。

43. 唐师曾:《我在美国当农民》,华艺出版社 2002 年版。

44. 位雪、朱静毅:《乡村振兴背景下金融资本下乡机制研究》,《鄂州大学学报》2022 年第 6 期。

45. 吴慧:《中国历代粮食亩产研究》,中国农业出版社 1985 年版。

46. 吴前锋:《未来乡村一二三产融合发展的实践探索》,《浙江经济》2022 年第 3 期。

47. 吴仲坚:《美国西部大规模调水工程的若干启示》,《海河水利》1987 年第 2 期。

48. 谢地、李梓旗:《"三权分置"背景下农村土地规模经营与服务规模经营协调性研究》,《经济学家》2021 年第 6 期。

49. 袁云:《中国特色农地制度"三权分置"改革及实现路径研究》,人民出版社 2021 年版。

50. 曾江辉:《浅析城乡二元结构》,《长江大学学报》(自然科学版)2008 年第 2 期。

51. 张红宇等:《金融支持农村一二三产业融合发展问题研究》,中国金融出版社 2017 年版。

52. 张文绪、袁家荣:《湖南道县玉蟾岩古栽培稻的初步研究》,《作物学报》1998 年第 4 期。

53. 赵艳丽、张子伟、尹绍萍:《玉溪市一二三产融合发展现状与对策建议》,《云南农业》2019 年第 11 期。

54. 郑永年:《共同富裕的中国方案》,浙江人民出版社 2022 年版。

55. 中国社会科学院考古所:《新中国的考古发现和研究》,文物出版社 1984 年版。

56. 周广庆:《国民财富新浪潮——新财富板块价值激活变现研究报告》,红旗出版社 2018 年版。

57. 周广庆:《人口革命论》,中国社会科学出版社 2003 年版。

58. 邹欢昂:《农村一二三产融合发展的思路和对策》,《新农村》2018 年第 5 期。

# 致　　谢

感谢恩师雷榕生先生多年来的言传身教,把亲身经历和所思所想倾囊相授,并孜孜教诲笔者要关注农村、关心农民。自相识以来,笔者跟随雷榕生先生走访了许多农村和乡镇,看望困难群众、调研乡村振兴案例,帮助笔者建立了对农村更深刻的认识,也坚定了笔者研究农村的热情和信心。同时,也感谢雷榕生先生为本书题写封面书名。

感谢国务院参事何茂春教授为本书作序;感谢周广庆教授作为本书学术支持;感谢本书编审郑海燕老师;感谢所有为本书出版提供帮助的师友,向您们一并深致谢忱。

责任编辑：郑海燕
封面设计：林芝玉
责任校对：周晓东

**图书在版编目（CIP）数据**

户田产论/上官子健 著. —北京：人民出版社，2023.6
ISBN 978－7－01－025642－9

Ⅰ.①户… Ⅱ.①上… Ⅲ.①农村-土地改革-研究-中国 Ⅳ.①F321.1

中国国家版本馆 CIP 数据核字（2023）第 073967 号

## 户田产论
HU TIAN CHAN LUN

上官子健 著

人民出版社 出版发行
（100706 北京市东城区隆福寺街 99 号）

中煤（北京）印务有限公司印刷 新华书店经销

2023 年 6 月第 1 版 2023 年 6 月北京第 1 次印刷
开本：710 毫米×1000 毫米 1/16 印张：16
字数：200 千字

ISBN 978－7－01－025642－9 定价：80.00 元

邮购地址 100706 北京市东城区隆福寺街 99 号
人民东方图书销售中心 电话 （010）65250042 65289539